江汉魅力教师书系

U0633280

江汉魅力教师书系编委会○编

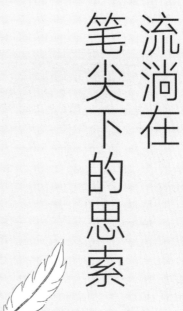

流淌在笔尖下的思索

长江出版传媒

长江文艺出版社

▲红领巾国际小学的课间生活

▲大兴小学的德育教育

▲汉口辅仁小学师生共读

▲红领巾国际小学新颖的阅读课

▲长港路小学的课本剧教学

▲万松园路小学可爱的孩子们

▲华苑小学班会一景

编委会名单

顾　　问：唐一飞

主　　编：张惠君

副 主 编：邓晓玉　陈　怡　应　兰

执行主编：吴慧晶　李　琼　官心源

出版前言

　　教育以人为本，旨在培养身心健康和谐发展的人。法国十八世纪启蒙主义思想家卢梭提出过一个精辟的观点——"教育即生长"，他认为儿童的发展应遵循其自然的、内在的成长规律，教育要服从自然的永恒法则，适应儿童的天性发展。这于今天仍具有积极的现实意义。当下学校办学，回归教育本真，遵循教育规律，按教育规律办事应成为常态。

　　教育面向未来，培养社会发展需要的人。2016 年，教育部发文要求教育应培养"全面发展的人"，学生应具备人文底蕴、科学精神、学会学习、健康生活、责任担当、实践创新六大素养，明确了学生应具备的、能够适应终身发展和社会发展需要的必备品格和关键能力。

　　小学教育是整个教育的基础，是基础教育的重要组成部分。小学阶段如何基于本色、培养学生核心素养，武汉市江汉区做了积极的探索。江汉区教育局自 2010 年起开展本色教育研究，探索出了一系列"本色教育"的教学实践策略，开发了许多区域课程，出版了大量本色德育教材等等。此外，在这静水深流的几年时间里，江汉区涌现出了许多拥有先进的教育思想、饱满的工作热情、朴素的育人情怀以及勇于超越自我的优秀教师。《回归教育本真——江汉魅力教师》系列丛书就是这些奋战在小学教育一线各个不同岗位的学科教师、班主任、管理者的作品，集中展现了他们的所思所想所得。希望本套丛书能不断激发教师专业发展的内动力，推动教师队伍的发展；也希望本套丛书能给广大教育工作者提供些许有益的启发和借鉴。

目　录
CONTENTS

流 淌 在 笔 尖 下 的 思 索

军训纪实 / 王琼——1

他为什么顶撞我？ / 邓小玲——6

沟通，从心开始 / 孙静——9

好孩子的标准是什么？ / 李晓娟——13

退让——教育的良方 / 刘畅——18

小草也应有阳光 / 陈艺莉——21

六袋礼物带来的启示 / 郭艳——25

小柜子，大舞台 / 孙华莹——28

家长进课堂　幸福齐分享 / 孙丹卉——31

"磨人"的座位问题 / 王玲洁——35

走进学习家门，打开学生心门 / 王晓英——39

赞美的力量 / 周晓雯——43

关爱特殊学生，共商育子方法 / 李敏——46

先学做人，再谈学习 / 张丹——50

让笑容像花一样绽放 / 张靖——53

让孩子们和"阅读"亲密接触 / 吴琪——59

孝从顺起，以顺至孝 / / 杨雪莲——63

"绿色教育"让每个孩子的生命绽放光彩 / 常元梅——67

让班级管理"动"起来 / 吴雯——73

让孩子自治管理 / 蒋韬——77

点点滴滴"共"成长 / 魏萍——81

用智慧推动班级管理 / 敖迎春——87

小农场大天地 / 付才彪——93

军训纪实

红领巾寄宿学校　王琼

对于学生来说，似乎只有考试才是对他们的检验。但是随着素质教育的推进，社会、家庭、学校更关注孩子的综合素养。在我看来，只有关注全方位的成长才能经受得住将来各方面的检验。

军训的实践活动中每一个场景都像放电影一样，时常浮现于我眼前。直到这一刻内心的闸门被蓄谋已久的情感冲开……

这次的实践活动对孩子们、对我真的是一次锻炼。

始料不及的是由于第一天的突然变天，孩子们很多受凉感冒，但大多都能坚持过去。不曾想第二天任重、明阳、小凡的哮喘发作了。任重情况最严重，看着他难受的神情，我除了心疼，还有些手足无措。在基地的医务室进行了必要的处理后，他的情况仍不见好转，我坐立不安，因为害怕哮喘的特殊病情，所以分别通知家长将任重和明阳接了回去，小凡病情较轻，但团队及校领导研究决定还是将全年级病情较轻的孩子一并送回了学校，以免贻误。小凡一听要送她回家，眼圈都红了。

巡查孩子们的活动，敏君迎面走了过来，眯缝着双眼，脸色有些发白。

"敏君，你干什么去？"

"喝水去，训练了一早，没喝水……"她迷迷瞪瞪地从我身边走过。

巡查完毕，转身，她又迷迷瞪瞪地迎面走来。

"喝了没？"我皱着眉，不知道她是怎么了。

"水杯烫坏了，不能用。我那个水杯是 20 元才买的，可是……"她有些无可奈何地诉说水杯的命运，但好像没有去思考如何解决目前的难题。

我去小卖部买了一个水杯，害怕她一直没喝水，又买了一瓶矿泉水，递给她。此时她和同学们在教官的带领下做游戏，白皙的脸庞涨得通红。

永意在早间的攀岩活动中，在老师、教官和同学们的鼓励、欢呼声中获得唯一的一个成功。午饭后的活动时间，他大概是心里的高兴劲无以言表，欢快的心情令步履也变得格外愉悦和高昂。结果一不小心，滑了一跤，手骨折了。头天晚上我巡查寝室的时候，还单独教导他注意言行。可男孩子们赶上这样的活动，总会有那么一些兴奋过度。一下午，和他的父亲一起带着他在普爱医院里检查治疗。因为胫骨骨折，需要复位，预计到复位是很痛苦的过程，所以我心里一直忐忑，害怕永意经受不住。可是当两位医生抓住他的手复位时，他虽疼得脸色惨白，冷汗直冒，却始终没吭一声，没掉一滴眼泪。倒是我站在诊室外，眼泪直流。好在复位比较理想，后期定期复查，应该没有大的问题。

回到学校后对寝室进行检查。女生寝室就是干净多了，女孩子们大多轻言细语地整理自己的内务。楠看见我推开门，说："王老师，你怎么又来了？"我哭笑不得："怎么，嫌我啊！"将买来的药物分发给她们。银翘、肤宝、午时茶，静总是不好好吃饭，今天胃疼得厉害。

走进男生寝室，首先闻到的就是脚臭味……

"王老师来了，向老师问好！"

呵呵！祎琪变了声的嗓子有点磁性了。

"王老师好！"男娃们的嗓音虽嘶哑却洪亮。

这几天我都享受部队领导的待遇，我也端着，他们仿佛也特别享受这样的角色变换，游戏般地进行。男孩子身体素质好，下午看见智翔的脖子上老大一个包，赶着送药过来，不想他洗个澡就消了，无影无踪了。邦瑜一看就是感冒的症状，清源一直鼻炎，但两个人却不愿给我添麻烦，直说没事。

周三的晚上校长、书记、主任不顾学校事务的繁忙和自身的疲惫，来到基地给孩子们鼓劲。真的很佩服校长，总是能够站得更高看得更远，言语中寄予孩子们的鼓励和希望是那样真切。周四早间的训练可谓辛苦，因为周五要回校汇报成果，不拿出点阵势行吗？孩子们真是挑战了从来没有承受过的极限，看着他们，我虽心疼，但又不得不狠下心来训斥他们不够完美的地方。周五的晚上最开心了，举办了焰火晚会，焰火虽绚丽得不够持久，但晚会的热情却是高涨的。诺妍参与主持了晚会，张怡和盛玥唱了一首歌，诺妍和毓宏朗诵了《春江花月夜》《满江红》。我们班的教官居然跳了一段街舞，还和另一个教官合唱了一首歌，酷毙了！最后孩子们把刚学会的拉歌的一套都用在了教师的身上，掀起高潮。于是三班的刘老师和科学老师辛老师代表老师们上台唱了一首，现场没有花，于是就地取材，孩子们献的都是草！

　　周五回校的汇报和感恩教育，让我和家长们深切地感受到了其实孩子们情感是丰富的，小宇宙是强大的！孩子们明显晒黑了，但他们的腰杆挺得那样笔直！明轩每次口号都喊得脸红脖子粗！祎琪作为"领袖"，一次又一次地喊出"我愿意！"诺妍作为"领袖"一圈圈地代同学们受罚！萌心甘情愿替祎琪受罚，手死死不愿放下。孩子们紧张地听从每一次口令，生怕做错……他们在这样的教育中感悟到责任，感悟到父母老师爷爷奶奶的辛勤付出……那一刻情感宣泄，大家都留下了热泪，包括我和家长们。

　　和孩子们总结指出，身体健康是最强有力的保证，孩子们今后要强加锻炼，特别是中考会有体育分数：30分，算入总成绩。同时，心理健康不能忽视，既不能受不得一丁点委屈而抑郁心情，又不能兴奋得抓狂而乐极生悲。当自己离开父母和老师的照顾，一定要学会独立解决问题。

他为什么顶撞我？

万松园路小学　邓小玲

我以前认为学生要尊重老师，老师说的都是为他好，不能和老师顶嘴。如果我的学生发生了这种事情，我也多半给他讲大道理，但学生下次还是犯，这让我甚为苦恼。但是从一件事中，我对学生顶撞老师有了新的看法。

"温城，上课不要讲话！我这是第二次提醒你了！"我生气地点着温城的名，提醒他上英语课不要讲话。

"为什么点我的名？别人也在讲话呀！"温城烦躁了，嘟着嘴巴，开始边哭边生气地踢桌子和板凳，弄得咚咚直响！

温城这个孩子，上面有个二十几岁的姐姐，爸爸妈妈对他特别宠爱，所以他在班上表现得很任性，是个让我头疼的孩子。

这不，自己做得不对，居然还当着全班学生和英语老师的面顶撞我！我很想当场发作，将温城劈头盖脸地批评一通，挽回自己的面子，但我当时忍住了。我想如果我当着英语老师和同学们的面，和温城理论，这不是影响他们上课吗？他为什么顶撞我？我还是先了解一下情况再说吧！

于是，我把温城叫到教室外面，询问他是什么情况。温城极不情愿地出来了，嘴里还嘟囔着："我干吗非得听你的？"又出言不逊。我正色地对他说："因为国家委派我来教育你，你的父母授权学校教育你，所以我说的话，只要正确，你就要听。现在老师在上课，我们不要影响他们，来说说你为什么上课讲话？"

"英语老师在进行英语绕口令小组 PK 赛，我们小组没人参加，我想要舒一炘（同桌）参加，可他不愿意，我在做他的思想工作。我讲的话都是和学习有关的话。"温城讲得振振有词。

原来在他的世界里，课堂上说与老师讲课内容有关的话，就不算上课讲话！

我只好告诉他："你的本意是好的，希望组内同学参加英语绕口令的竞争，是一种学习有积极性的表现。但是大家都这样，不管老师是否在讲课，就擅自讨论，这就是违反纪律。还有，你把希望寄托在别人身上，不如寄托在自己身上。你为什么不积极参加这次 PK 赛呢？

"我不会。"温城的声音小了下来。

"你为什么不会呢？"

"我在家里没有练！"

"那你在家多练练吧！自己会，就不用求别人了。"

"好！"

"下次再像这样影响他人，怎么办？"

"老师相信我，不会有下一次，我会管好自己的……"

"好，回教室上课吧。"

温城笑眯眯地回到教室上英语课了。接下来的课，他再没有擅自讲话了。看来，他明白了事理后，还是有自制力的。

我想对于温城这种思维方式比较特殊的孩子，在要批评或者指责他们时，一定要搞清在他的心目中，对一件事情的看法与我们到底有什么不同，要先理解他，再引导他，慢慢让他改正自己的想法和做法，学会遵守课堂纪律。

从这件事后，我发现学生顶撞老师，虽然是让老师恼火的事，但是老师只要不忙着下结论，换位思考一下，多理解学生，就不会和学生起冲突，这样才能更好地解决问题。我想下次再有学生顶撞我，我一定会心平气和地解决。

沟通，从心开始

长港路小学　孙静

教育家魏书生曾说："教育不是命令、训诫、指挥，而是濡染、感召、影响……"作为教师，我们要学会俯下身子，走到学生的身边，走进学生的生活，走进学生的心里。

两个月以来，我几乎都是下班后就迈着急促的步伐朝着学生的家里走去，直至满天星辰才踏上回家的路。我年仅3岁的女儿问我："妈妈，你每天都跑去哥哥姐姐的家里，他们又不是没有自己的妈妈？"为什么你还要一直去呢？年幼的她还不懂得教师这个行业的特殊，她只是在抱怨自己的妈妈陪伴她的时间太少。她不知道，她的妈妈在学生家里坐一坐，聊一聊，说一句嘘寒问暖的话语，流露一个关切的眼神，有时胜过多少天苦口婆心的教育。因为沟通，就是从心开始的。心灵的距离，有时就等同于脚下的距离。家访就是教师与学生家庭的零距离接触。

从教育者的角度来看，每一个学生只不过是我所带班级中的五十二分之一；而对于作为一个妈妈的我来说，每一个孩子都是家庭的百分之百。教师只有给予每个学生百分之百的关爱，才能赢得家长百分之百的理解和支持。

记得 10 月上旬，我在班上宣布了"家访"这个消息后，班上顿时炸开了锅，我满以为孩子们都不会欢迎我的到访，结果却出乎我意料。随后的每一天，都有孩子仰着期待的小脸，悄悄地来问我："孙老师，你什么时候去我家啊？"

记得我第一家走访的家庭，是位于龙腾工业园的王珊家里。我去的时候，王珊的妈妈受宠若惊地对我说："我还以为孩子是开玩笑的，没想到孙老师你真的来了！"我的到访，让孩子们的家长十分激动，因为每当我走进一个学生的家庭，就带去了学校的重视、老师的关爱。学校和家庭两个教育主体的对话和交流，汇成了一股淙淙的小溪，流进学生的心田，必然激起学生心里的浪花。这时候，说了什么，听到什么都不重要了，教育的全部意义已经凸显。

记得我去靠近黄陂的三金潭市场的那一个晚上，在浓浓的夜色之中，杨青宇、江小晓、余梦和吴峰这 4 个居住地最远的孩子一直伴随着我穿过堆满钢铁的路口，走过铺着钢板的小路，穿梭于位于市场的四个角落，没有一个孩子先行回家。

记得我去班上的"调皮鬼"余程锦家里时，他一直老老实实站在旁边，全然没有平时的调皮样，深怕我在父母的面前告他的状。令他没想到的是，我不光没有说他平时的"丰功伟绩"，还夸赞他是个能干的孩子，能帮爸爸妈妈干活。第二天，他一改以往的表现，乖乖地听起了讲。原来我一句简单的话语，就能让他一天都乐开了花，内心的喜悦漫溢而出。孩子们的快乐来得就是这样的简单又直接！

记得一个周五，天是灰蒙蒙的。我提前给王天恩和马沛卓打了招呼："如果今天下午不下雨，孙老师和熊老师就一起去你们家。"结果这一天，两个孩子就一直在关注天气的情况。放学的时候，王天恩仰着小脸对我说："孙老师，现在没有下雨，你跟我一起回家吧！"因为每周五我们都有例会召开，所以我跟孩子们约定开完会就去。那一天，会开得很晚，当我跟孩子的爸爸打电话说家访改期的时候，我听到了电话里传来两个孩子失望的叫声。当时我的内心非常难受，总觉得答应了孩子们的事没有做到。四天后，我和熊老师相约去了这两个孩子的家，孩子们高兴地一直找借口在我们身边徘徊。那一刻，我深刻地体会到：做老师很幸福！

有人说，打几个电话可以替代家访，何必非要跑一趟。我想，打电话、发微信等手段虽然快捷、方便，但只能补充家访之不足，其蜻蜓点水般的接触如何替代得了家访般的接触和细致入微面对面的交流呢？每一个学生、每一个家庭都有"一个"

特殊性，家访帮助我们真切地了解情况，我们也因此能真实地描述"这一个"学生和其家庭的特殊性。教育，在这时，才有了因材施教的针对性和可能性。

家访让我对学生有了更多的宽容：一些孩子在家里本来就缺乏家庭的温暖，如果我们做教师的，因为学生的一道题老是出错，因为说错了一句话或忘记了一个交代的任务而给予批评和讽刺，那么对孩子将是一个多么大的打击！我们常常抱怨孩子作业这个做得不好，那个做得不如意，可是有没有想到他们每天是如何在暗淡的灯光下、简陋的书桌上完成作业的呢！

家访让我更加懂得珍惜：我们很多人生在福中不知福，包括我们自己也是。要学会珍惜自己所拥有的，感恩父母，感恩亲人，感恩朋友，感恩所有关心你的人！

走进学生家庭，有时就是走近了学生的心灵。沟通，让我们的心更靠近！

好孩子的标准是什么？

大兴第一实验小学　李晓娟

暑假，手边放着郑杰先生的新书《教育的敌人是什么》。说实话，没有深入地去研读，就那么放在手边，偶尔翻翻。

有一次在翻阅过程中，郑杰和徐红校长的一段对话，引发了我的思考：好学生的标准是什么？上海实验学校徐红校长认为这个话题太大。是一个"天大"的话题，因为，我们中国人对"好"的标准一向是很难界定的。为什么很难界定？因为我们评价的出发点不一样，我们的需求不一样，这时我们的标准就不一样。当我们需要分数的时候，能够考出好成绩的孩子就是好孩子；当带着孩子们去远足时，能够坚持到底，体力强健的孩子就是好孩子；在做清洁时，愿意吃苦，力大无穷，会做家务不怕吃亏的孩子就是好孩子；在领着孩子卖报纸时，大方自信，不怕失败的孩子是好孩子；在和客人谈话时，有眼色，不来打搅你的是好孩子……而当下，大家都把目光聚焦于高考时，能够考出好成绩的孩子就是好孩子。只要他爱做作业，只要他乐意学习，只要他能拿 100 分回家，我们都会给予他比拥有其他品质多得多的赞美与奖励，哪怕他对弟弟妹妹不宽容，哪怕他在家里油瓶倒了都不扶，哪怕他从不在车上让座……我们依然会认定他是个好孩子。

　　看到这里，我开始反思自己。我不认为自己是个分数至上成绩至上的人，可不知不觉中，我也总是在拿分数、成绩、课堂表现衡量孩子。虽然我也非常重视孩子的其他品行，可似乎孩子在学习方面的表现在我内心深处评价孩子的天平上的分量还是要更重一些，包括对自己的孩子。我表面上对成绩分数不是那么在意，可心里似乎却无法像嘴上说得那样放得下。再看，身边那些读中学的孩子，学习好坏似乎成了衡量他是否优秀的唯一标准；而在小学，是否听话似乎成了他是不是好孩子的量尺。反思一下，听话也好，分数也罢，当我们把它们作为衡量孩子的标准时，隐藏在背后的是什么心理？不给我找麻烦？或者是能给我带来炫耀的资本？这样的孩子真的就"好"吗？

　　说到这里，不禁联想到假期里嫂子跟我讲的那个孩子。那个孩子今年参加中考，曾是嫂子拿来给侄子当榜样的人物，小学升初中是武汉市硚口区的第一名，顺利地进入了硚口区最好的中学。自己的父亲是一所中学的校长，爸爸妈妈都为这个儿子骄傲，对他的要求很严格，他们不允许儿子在班级的排名在前五名之外。在他们的眼中，所有的一切都要为分数让路。这个孩子长得高大帅气，再加上优异的成绩，简直成了让大家羡慕嫉妒恨的对象，也是各家妈妈教育孩子的榜样。可就是这样一个"绩优股"，在初三快要中考的时候，患上了严重的精神抑郁症。他可以大晚上在空无一人的街道上游荡 5 个小时，也可以一天一句话都不说。因为只注重分数，几乎没有可以和同学交流的话题，这个孩子他在学校里一个朋友都没有。长时间的压抑让这个孩子在最后冲刺的阶段，痛苦得不愿学习，甚至到了每天不说一句话，用头撞墙的地步。而他的父母为了自己的颜面，依然逼着孩子上课、培优、进考场。虽然凭借过去厚实的底子，孩子依然考上了硚口区著名的 11 中，可这样的孩子，能说他是好孩子吗？在我看来，他是个不健康不幸福的孩子，是个可怜的孩子！

再看一个例子，不久前一个已毕业 6 年的学生来看我。小学时的他，调皮，不爱做作业，属于天天被留校补课的那类学生。办公室里没少来，考试只能勉强及格，中学是家里花了大笔的钱送去的。可现在的他，温文尔雅，说话有条理，待人有礼貌。才 19 岁的他，已经通过自己打工攒了 5 万元钱。在拒绝爸爸帮忙的情况下，自己和弟弟合伙开了一家牙科门诊，收入还不错。这个孩子帅气，阳光，特别自信。其实，在这个孩子的右半边脸上，有一块巴掌大的红色胎记，十分影响美观，可他从没有因为这块胎记而自卑过。从小学起，他的妈妈就培养他与人交往的能力，培养他抗挫的能力，培养他独立自主的能力。所以小学三年级的他，能在我家吃饭后大方邀请我姐姐去他妈妈开的发廊里剪发，并许诺打8折；能在自己搭车去补习班，在坐反了车的情况下请司机叔叔和妈妈联系，顺利回家；小学五年级的他，能在卖报纸的时候面对别人粗鲁的拒绝态度不卑不亢，淡定地来句"打扰了"，继续下一次尝试。因此，我毫不怀疑这个小时候揉着眼睛，一次次在深夜参加妈妈对发廊里的员工反思总结会中成长起来的孩子，能够在暑期打工的第一个月里销售额超过店里的老员工。愿意尝试、愿意吃苦、不怕失败、肯动脑筋，善于总结经验教训，这样的孩子虽然没有优异的成绩，可你能说他不好吗？不是个好孩子吗？

还有个学生，很聪明，但成绩一直只是中等或中等偏上。因为他不愿意把时间精力花在自己不喜欢的事情上。初中毕业时，他做了一个重大的决定——放弃了考取重点高中（他不是没有能力冲一冲）的机会，而是就读了一所体育中专。记得他考上后，还专门来和我聊了聊，跟我交流了他的想法。他说篮球一直是他的梦想。他虽然个子不算太高，但他相信勤能补拙，他可以凭借自己的努力和技巧弥补身高方面的不足。果然，就读职校的他，拼了命似的练习篮球。现在，18岁的他，已经进入了武汉市一个小有名气的花样篮球队，经常巡回演出；18岁的他，当起了小老师，带那些喜欢打篮球的半大小子；18岁的他，衣着很潮，他自己还开着一家网店。他说："我不要把自己的生命消耗在游戏上，我要做一些有意义的事情，做一些自己喜欢的事情，不给自己留下遗憾。"一直以来，我都很欣赏这个孩子，欣赏他为了梦想执着追求，也遗憾，遗憾自己帮不上他的忙。

这三个孩子都是我身边活生生的案例。什么是好孩子？对比之后回头来看，所谓的好与不好其实完全取决于评价者的价值观和眼光。当你把目光放在当下，把眼前能看得见的分数、功利性目标作为最重要的评价标准时，你眼中的好学生就只有分数作支撑。而当你把眼光放长远一些，把作为一个人生存所需要的能力、品性等作为衡量的标准时，好孩子也许就另有其人了。只是，人都缺乏安全感，恐惧未知的世界，因为不能预测未来如何，我们只有死死抓住现在。殊不知就像用手捧沙一样，捧得越紧，能攥住的沙越少，相反，手上用劲越小，能留住的沙也就越多。因此，作为教师的我们，要重新反思自身对好孩子的标准。最起码，我们可以给孩子留出更大的发展空间……

在当下教育的大环境之中，我们虽然不能完全忽视分数，但我们最起码可以做到不把分数当作唯一。

退让——教育的良方

大兴路小学　刘畅

　　我们经常在教育学生的时候，感到手足无措，无计可施，总觉得是孩子太难改变，或抱怨家长教育方法不对，或怀疑自己能力不够，很少能从根本上去发现问题之所在。前几年，我也遇到过这样的情况，很是苦恼。

　　可是在经历了数年的磨练后，我逐渐摸索出一些教育孩子的方法和经验。比如，孩子在你苦口婆心的教育下，依然我行我素的时候，我们不妨换个方式——以退为进，也许会更有效果。前些天在我班里发生的一件小事就是个很好的例子。

　　我班有个男孩特别机灵，就是不诚实，爱说假话，说谎话都不脸红。这天，组长在交作业本时汇报说这个男孩没交作业。我就纳闷，一般他不会不完成作业的。他为什么没交作业呢？我心里开始琢磨了。于是，去询问他。他给我的回答是，作业做了但是没带来。在他说话的那一瞬间，我看出了他的犹豫，知道他话里有问题。就追问了一句："你的作业本真的没有带来吗？"我用眼睛直盯着他的眼睛，又问了一句："怎么你的眼睛好像不是这样说的呢？"他听我这么一说，更心虚了，结结巴巴地说："作业本……带了，在……书包里面。只是我的草稿只打了一半，没有誊写在作业本上。"要是以前，我可能会马上把他的谎言揭穿，然后"教育"他一顿。可这时，我却格外冷静，迟疑了一下，然后让全班学生给他最热烈的掌声，为他能主动承认自己的错误，是个真正的男子汉而喝彩。我走过去握住他的手说："祝贺你！你是个勇于承认错误的男子汉！"这样的情形让他感到十分意外和激动。我趁机又问："昨天的写话作业根本没做是吗？"本想继续搪塞我的他，看着我真诚期盼的眼睛，低下头，很小声地说："是的。"我赶紧让全班同学再一次给他更热烈的掌声，用更加肯定的语气说道："看来你的确是个勇于承认错误的好孩子！我们都该向你学习。而且，我相信，此时的你一定为自己勇于承认错误而感到快乐，是吗？"哪知道，我话还没有说完，他的眼泪就已经刷刷地流了下来。"看！你肯定是太高兴了，所以都高兴地哭了。好了，好了，男孩可不要轻易流眼泪，你先坐下来吧！"我连忙帮他掩饰。事情到这里还没有结束，中午，他交来了一份特别精彩的写话。和他一起跑来的同桌面带微笑地说："老师，他今天太感动了，那时差点叫您妈妈了！我们在旁边也很感动。您真的像我们的妈妈！"

听着孩子淳朴的话语，看到孩子如此快地转变，我倍感欣慰。后来经过一段时间的观察，我发现这个孩子有很大的进步：捡到东西不再占为己有了，做错事敢于承认了，什么问题都喜欢和老师主动沟通了。

这个孩子的进步，让我有种说不出的喜悦。看来教育是有节奏和技巧的！从孩子身上我又学会了一些育人方法，真是一件幸事啊！

小草也应有阳光

北湖小学　陈艺莉

　　班主任既担负着繁重的教学工作，又担负着烦琐的班级管理工作，压力不小，所以特别希望自己带的班级的孩子们聪明快乐、学习进步、一派和谐。然而，这只是个美好的愿望。每个班级都会有几个不和谐的"音符"——学困生。这些学困生如同大树下的小草，往往得不到阳光的普照。如何能让那些大树下的小草感受到阳光的温暖，这就需要老师对他们投入更多的关注，为他们铺设好进步的"桥梁"。工作中我曾遇到过这样一件事。

　　那天，预备铃响之后，我拿着书本走进教室，看到黑板上还留着上节课的内容，便问道："今天谁值日？为什么不擦黑板？"班上无人回答。我见没人答应，又提高声音问了一遍。这时，坐在最后的贾永辉马上跑上来，迅速、认真而卖力地擦起了黑板。我说："大家都瞧见了吧，黑板没擦就是因为个人不负责任。"不知谁小声嘟囔了一句："今天不是他值日。"这时，成绩优异的李嘉隆慢腾腾地站了起来，用几乎听不到的声音说："今天是我值日。"我愕然，干咳一声说："你先坐下，下次注意。"这时，贾永辉已经擦完黑板，默默地回去了。课后，我无意中听到学生的谈话："李嘉隆不做值日，老师都没罚他，上次，我忘了擦黑板，就被罚了。""谁叫你成绩不好。"……学生的对话让我想起了贾永辉的表现。平时他上课无精打采，小动作多，还影响别人学习，学习兴趣不高；下课追逐打闹，喜欢动手动脚；作业不做，即使做了也做不完整，字迹也潦草，几乎天天都有科任老师或学生向我告状。因为这些不佳的表现，让我对他不免有了不好的印象，对待一些事情就有了先入为主的思想，比如今天的擦黑板事件，我就冤枉了他。我心中有些愧疚。

为了弥补我的过错，有针对性地做工作，我决定先深入了解一下贾永辉。我找他谈话，谈话中，我了解到他心里十分怨恨某位老师。我决定把这个当作突破口。我轻声问他："你为什么会恨那个老师？"他不好意思地回答："因为她常常批评我。"我顺着问："老师为什么常在课堂上批评你，你知道原因吗？"贾永辉说："因为我常违反纪律，没有按时完成作业，书写也不工整……""你认识到了自己的错误，说明你是一个勇于认错的好孩子，但是，这还不够，你觉得应该怎样做才好？"

贾永辉低着头不吭声，我趁机又问："想改正错误吗？想做一个受他人欢迎的孩子吗？你觉得怎样做才好呢？""我今后一定要遵守纪律，团结友爱，认真完成作业……""那你可要说到做到哟！""好！"

与贾永辉谈过话后，我特意安排了一个责任心强、学习成绩好、乐于助人、耐心细致的女同学跟他坐同桌。这还不够，我抓住一切机会亲近他，关心他，触动他的心弦。有次下雨天，他忘了带伞，我连忙送伞给他。我还经常找他闲谈，引导他用感恩、欣赏的心态看待现实生活。此外，组织了几名同学来帮助他，跟他一起玩，一起做作业，让他感受到同学对他的信任，感受到同学是他的益友，让他在快乐中学习生活，在学习生活中又感受到无穷的快乐！

除了这些，我与科任老师统一意见，要用欣赏的眼光来看待他。有一次英语课上背单词，他居然全都对了。我非常高兴，对他大加褒奖："世上无难事，只怕有心人，这些单词你全背对了，一定是昨晚复习了吧！你看你今天比有些平时学习优秀的同学都好呢！只要努力，一定不会比其他同学差的，你说是吗？"他轻轻地点了点头。在之后的学习中，对贾永辉我始终坚持"欣赏、夸奖、鼓励"的方针。后来，无论是在纪律上，还是在学习上，他都有了明显的进步。每当他有一点进步时，我就抓住这些闪光点激励他继续进步，他感受到了老师的关心与爱护，逐渐明白了做人的道理，明确了学习的目的，端正了学习态度，成绩也一步步提升。

这件事让我深深感受到作为一名班主任，要搞好教育工作，必须要有一颗赤诚的爱心。要用爱的甘露滋润孩子们的心田，用爱心点燃一颗颗纯洁的灵魂。对于那些学困生，教师应给他们更多的爱，经常鼓励、帮助、督促他们，增强他们的自信心。美国作家爱默生说："教育成功的秘诀在于尊重学生"。之前我就疏忽大意了，没有看到贾永辉为大家所做的事，及时给以表扬，让其他同学误认为"学困生无论做什么有益于集体的事，都是不会得到老师赞赏的"。每个学生身上都有优缺点，学困生也并非一无是处，对于学困生身上表现出来的哪怕很微弱的闪光点，很微小的进步，我们都要尽量挖掘并及时加以引导肯定，使他们产生欣慰、幸福的内心体验，增强荣誉感、自信心、上进心，提高学习的兴趣。当一个孩子对学习有了兴趣与动力，他的进步就变得轻松、容易多了。

六袋礼物带来的启示

华苑小学　郭艳

每个孩子都有"向善"的天性，渴望得到同龄人和老师的认可与接纳。作为老师，我们要做的就是保护、激发和唤醒孩子的这种天性。

郭妍妮同学因过敏性紫癜住院了，班主任特有的敏感性让我意识到这是一个教育契机：不仅要让病中的郭妍妮感受到班集体的温暖，更要让其他孩子学会关爱他人，从而增强班级凝聚力，让孩子们为生活在这个班级而感到温暖、幸福。但去医院探望郭妍妮的事情决不能当作任务布置下去，如果凡事都当成任务去布置，那么再好的创意也失去了意义。

班会上，我把郭妍妮生病住院的消息告诉孩子们，观察他们的反应。可以看出，孩子们很着急，急切地询问郭妍妮的情况怎么样，但他们只是着急，还不知道要去探望。于是，我询问："孩子们，当你生病时，除了病痛，你是否还因不能和同学一起学习、谈心而觉得孤独？此时，如果有人来探望你，你会有什么感觉？"听我这么说，孩子们恍然大悟，纷纷要求去医院探望。于是，我又询问探望她时是否要带礼物，大家异口同声地回答"要"。进行到这里，我笑了：在我的引导下，孩子们已经懂得，当别人生病时，自己要主动送上温暖。但我的目的还没有完全达到，我还有更重要的任务要引导。

我接着问："从大家纷纷要求带上礼物去探望郭妍妮，我能看出大家对郭妍妮的关心，我为大家的爱心而感动，但我们带什么礼物呢？"听到这个问题，孩子们又挠头："看病人不就是从超市买些牛奶、蛋糕或者从花店买束鲜花吗？除了这些，还可以带些什么？""从超市买礼物固然是一种方法，但这绝对不是表达心意的最好方法。"我这样一说，孩子们热闹起来，叽叽喳喳地议论还有什么好方法。我微笑着，建议大家开动脑筋去思考。一会儿孩子们提出了新的建议："班内募捐，把募捐到的钱直接交给她，她喜欢吃什么就买什么；每人都从家里带一种自己最喜欢的东西，比如一个苹果、一杯酸奶、一根香蕉、一块蛋糕等，把这些汇总在一起作为礼物；每人叠一只千纸鹤，写上祝福的话语……"经过讨论，大家都支持第二种和第三种方法。原因很简单，这两种方法最能表达他们对同学的关爱，也可以使礼物花样翻新。于是，我们很快达成共识，明天早上每人带一样礼物和一只写上自己祝福的千纸鹤。

早上，我一走进教室，就被孩子们带的礼物震惊了，同学们带来的礼物整整装了六大袋：面包 6 袋，饼干 6 盒，巧克力 8 块，棒棒糖 2 个，鲜奶 9 杯，苹果、西瓜、梨子共 20 个，香蕉 6 支，火龙果 6 个……除此之外，还有 47 只千纸鹤也在翘首等待。

看到这些，我感动了。在我眼里，这哪里是礼物啊，分明是一颗颗团结、善良、纯净、友爱的心。

学校是育人的地方，使学生心智成长的地方，教师要善于抓住每一个教育契机，在潜移默化中唤醒孩子那颗温暖他人、关爱他人的心。要随时教育孩子怎样待人接物，怎样对待弱者，怎样处理自己和他人的关系，从而让学生的今天不同于昨天，明天不同于今天，每天都有一个新的开始。

流淌在笔尖下的思索

小柜子，大舞台

取水楼小学　孙华莹

"老师，柜子该怎么分呀？我想跟付梦婷一起，好朋友柜子不分开。""老师，我想要红柜子因为我喜欢很漂亮的颜色。""老师，什么时候可以发个柜子给我呀？"只要踏进教室，小家伙就围上来七嘴八舌地嚷起来，说来说去，就是要分柜子。没想到教室后面的一排储物柜对孩子们居然有如此大的吸引力。

可是，刚刚入学的孩子们能管好储物柜吗？我有些忐忑：一不小心，储物柜会不会成为新的垃圾制造点，有的孩子可是连地都不大会扫呀！会不会因拿书离开座位影响上课秩序……

可转念一想，试试看，没准这是一个不错的培养契机。在接下来的晨会，我公布了简单可行的实施方案：在本周内一日常规分最先达到 20 分的孩子可以领取名贴，优先选择柜子，但要注意保持柜内的整洁。检查时发现脏乱现象，取消储物柜的使用权。

"太好了!""我会努力的!""耶!""快有柜子啰!"兴奋的叫喊声让我有了底气,接下来还要多加引导。

随后的一周,不时可以看到孩子们围着储物柜旁或大声争论、或窃窃私语……直到周五班会课上,随着一周常规分的揭晓,丁奕斐、熊梦婷、黄欣明、张司佳、严晨瑞成为首批柜子的使用者。孩子们在全班瞩目下,选好柜子,贴上名贴。同时,放入自己的跳绳和书籍,并摆放得整整齐齐的。其他孩子们目不转睛地看着。的确,认真无小事,养成在落实。

一人用一个储物柜,有点不大好管。再看看储物柜有上下隔断层,似乎分给两人用更好些。说改就改,在第二周,我要求孩子们两人一组,组合选柜,领取名贴。很快,第一对组合出现了,熊梦婷昂着头骄傲地说:"我想跟付梦婷一起用,好朋友柜子也要在一起!"有了第一个双名贴,第二个、第三个纷至沓来。孩子们第一次体验到——和朋友一起努力,收获更甜美。班级也变得融洽了。

坚持做下去,还会有什么呢?当所有孩子都拥有储物柜后,又悄悄展开"晒柜"活动——课间抽选储物柜随拍,利用夕会随展;选一选最整齐的用具、最干净的柜面、最合适的摆放。眼中有了标准,孩子们做起来就清楚明了。从偶有提醒到随时检查,只过了短短一周,桌面、抽屉、地面不知不觉也变得干净了。短短一个月,孩子们学会了整理收纳。之后我再没为储物柜操心。

　　一次尝试让这小小的储物柜成了孩子们发展的大舞台。从学会整理储物柜起步，让孩子学会自我管理期间，更要将快乐传递给每一个孩子，让他们的世界变得更加美丽精彩，这是我们正在实践的事。正如苏霍姆林斯基所说："教育——首先是关心备至地、深思熟虑地、小心翼翼地去触及年轻的心灵。"

家长进课堂，幸福齐分享

红领巾学校　孙丹卉

开学已经两个月了，按照学校的要求，我们开展了家长进课堂的校本课程。到现在为止，已经有四位家长来讲课了。看得出每位家长都进行了认真而细致的准备，每个环节的设置，到要说的每句话都事先做好了充分的准备，争取给孩子们带来更多更新鲜的社会知识。有的家长还给孩子带来了小礼物。家长进课堂的目的是双向的，既让孩子了解社会知识，又让家长了解孩子上课情况。家长也来当一次老师，体验一下给孩子上课时存在的一些问题，有利于进一步找出教育孩子的方法。另外家长向孩子们传授一些课堂外的知识，既拓展了孩子的知识面，也符合现在所提倡的培养孩子全面发展的素质教育要求。这几次的校本课程中，我发现孩子们精气神十足，眼睛里满是好奇和欢喜，课堂表现相当不错，看来小家伙们知道在叔叔阿姨面前好好表现。同时我也看到当自家的孩子表现得很好时，家长脸上写满了自豪。有更多的家长愿意加入我们的校本课程。

第一位来讲课的是杨子睿同学的妈妈。她为孩子们精心准备了一节关于风筝的课。这节课从风筝的起源，到风筝的简易制作，她讲得绘声绘色，孩子们听得也是津津有味。制作风筝的时候，孩子们各个无比专注，根本不需要维持纪律。

制作完风筝后，杨子睿妈妈还带着孩子们到操场上放飞自己亲手制作的风筝，孩子们别提多高兴了。整堂课孩子们的积极性一直很高，参与度绝对是百分之百。看来，兴趣才是最好的老师。

第二位来讲课的是龙雪钧同学的妈妈。她在武汉市渔政船检港监管理处工作，她事先准备了一系列生动的卡通图片，展示给孩子们看。随后给孩子们介绍了一些关于江豚的常识。还给孩子们讲述了他们救助小江豚的故事。孩子们似乎对她讲的故事十分感兴趣，不停地向她提问，龙雪钧的妈妈对每一个问题都进行了详细的解释。而且，龙雪钧这节课表现得也很好，看来是被妈妈的风采给迷住了。

下课的时候，龙雪钧妈妈跟我说："一直觉得当老师挺容易、挺轻松的，今天给孩子们上了这节课，才深知当老师不容易啊！"看来，通过校本活动也能让家长体会当老师的感觉啊！

第三位来讲课的是胡宇轩的妈妈，她是一位资深的 HR 管理人员。她准备的课题是"企业是如何选人的"。刚开始我觉得这个题目可能离学生较远，他们不太能理解，听课的兴趣也可能不高。但是，胡宇轩妈妈却巧妙的将孩子们熟知的卡通人物形象与人的性格特点相联系，其间还结合了一些历史小故事，一堂课下来，同学们不但不觉得枯燥，反而兴趣很高，不少同学还能积极回答问题，并主动提出疑惑。

从这堂课，我知道了如何把生硬的知识转变成孩子们感兴趣的东西也是上好一节课的关键啊！

最后一位讲课的是司傲的爸爸。司傲的爸爸在消防大队工作，所以，他把我们的课堂带到了消防大队。当孩子们得知这个消息的时候，别提多兴奋了。

来到消防大队后，孩子们表现得特别好，有组织，有纪律，得到了不少消防战士的好评。我想，大概是被消防队战士们严明的纪律给感染了吧！难怪古有孟母三迁，看来环境确实可以影响人啊！

接下来，司傲的爸爸为我们介绍了各种消防车的种类和用途，还带着我们到三楼多媒体功能室观看了几种家庭可能遭遇的火灾以及发生火灾时该如何及时灭火和逃生常识的影片，孩子们都看得特别认真！

最后，司傲的爸爸还带着大家参观了消防车进行高空救援时会使用的云梯，并且还让每位同学都登上了云梯。亲身体验后的同学们纷纷表示，消防叔叔们的工作真是不容易，虽然刺

激，但是也很危险。有同学说，长大了也要当一名光荣的消防
队员。

我觉得"家长进课堂"的活动非常有意义，也非常有趣：
既可以让家长了解了同学们的学习状况，体会当老师的感受，
也能让孩子们在这次特别的课堂中收获许多书本中没有的知识。
希望更多的家长参与到家长课堂中来，并且我相信在今后的家
长校本中会有更多更精彩的课堂。

"磨人"的座位问题

万松园路小学　王玲洁

"唉！新学期又到了。"我不得不理清头绪，把手头上那些每学期都要做的事情一一打点好。然而，一直困扰我的座位问题又摆在眼前了。

"老师，我的孩子年龄小，能不能往前挪点，您给多看着些。""老师，我孩子老实，不爱与人争执，可他那个同座……您能不能考虑给换换。""老师，我的孩子成绩不好，能不能让他跟一个学习成绩好的同学坐？"……人还没坐定，家长们就满脸堆笑地进来了，说来说去，只有一个目的：换座位。家长们的良苦用心无非是要给自己的孩子营造好的学习环境。可是，面对他们的各种要求，我只能说"不"，看着他们悻悻而去的样子，我也觉得委屈和不被理解。

刚刚送走了家长，教室里又炸开了锅。原来是李睿祺和张俊杰才大"干"了一场。从他们脸上那愤怒的神情，就能想象得出"战斗"的激烈。这会儿，两人都像"铁牛"一样，定在原地不肯坐在一起了。这可不行，得稳定军心。于是，我开始对孩子们进行思想教育："同座之间要互相谦让，怎能为一点小事就不愿意坐在一起呢？大家不都坐得挺好的吗？不信，你们问问大家，还有谁不愿意和自己的同座坐？"话音刚落，一下子呼啦啦举起了十几只手。我一下蒙了，怎么会这样？

看来，这个"座位问题"可不简单。我煞费苦心地安排，还考虑了男女搭配，没想到他们却不买我的"账"。仔细分析困扰自己的座位问题，我决定进行一场彻底的革命，把座位问题交给孩子们来完成，把自主选择座位的权利给他们！

排座位前一周，我在班上宣布："这一次换座位，由同学们自己选择同座。"下面一片哗然，孩子们的嘴都张成了"O"型。我顿了顿，"但有一个要求，你选的同座一定要能互相帮助，而且必须得到大多数同学的支持和认可。"同时，我也告诉孩子们，可以回家把这件事告诉爸爸妈妈，请他们帮着出出主意。孩子们听了这个消息，都显得异常兴奋。

换座位的那天，我像往常一样踱着方步走到教室门口。令我意想不到的是，孩子们异常安静，但脸上都透露着迫不及待。于是，我开始了自己的"尝试"：让孩子们和想要的同座站在一起，然后安排前后座位。孩子们在这个过程中，显得特别认真，许多孩子思考了许久，才慎重地做出了自己的选择。谭晶文和郑雪莹一起站在了讲台上："我俩都喜欢画画，所以我们想成为同座，共同进步，请大家支持我们。"童筠贻和官煜哲也走到了前面："我们俩一个语文组长、一个数学组长。我们决心取长补短，互相学习。"皇甫晨杨和杨秋乐也成为了同座。皇甫晨杨说："我不够自信，每次开口都怕说错话，我要跟班上的'小广播'一起坐，她一定会帮助我的。"还有值日班长彭乐威和"瞌睡虫"徐思扬也坐在了一起。彭乐威说："我是班上的班干部，我一定要帮助徐思扬改掉上课打瞌睡的毛病。"徐思扬说："我怎么也管不住自己，希望彭乐威能帮助我，我也想做个好孩子。"……当大多数孩子的选择意向达成以后，手牵手站在一起，小脸上成功的喜悦和期待让我觉得十分有成就。在我看来这么简单的一件小事，在孩子们眼里却是多么重大的事呀！看来我的"尝试"是正确的。

可是孩子们年龄尚小，自控能力还很差，加上自主选择的同桌一般来说又都比较熟悉，所以时间一长也出现了一些问题：偶尔讲讲小话、开开小差。刚刚好转的情况似乎又有些反弹。于是，我又利用晨会、夕会时间向孩子们反馈情况和征求意见。孩子们都很聪明，意识到自己的不足，也检讨了自己的错误。看来，"没有规矩，不成方圆"，必须依靠一定的管理才能使之向方方向发展。经过激烈的讨论，大家都同意用竞赛的形式来进一步约束自己，班级设立了"金章同座奖""银章同座奖"。同座之间纪律、卫生、学习均达标才可获得。一周评选一次，月末再进行月评，产生一对"明星同座"，成为班级的十星之一——"文明星"。通过这种竞赛形式，孩子们变得更为积极向上了，学习劲头也变大了，课堂纪律也好多了。科任老师和家长们也拍手称快！找我换座位的人也越来越少了。

看来，孩子们的主观意识不容忽视。从心理学的角度看，他们在集体中想得到归属感，需要得到承认、肯定和接纳。他们在这个集体中所处的地位也直接影响其个体的发展。著名的教育家苏霍姆林斯基说得好："我深信，只有能够激发学生去进行自我教育的教育才是真正的教育。"

走进学生家门，打开学生心门

红领巾学校　王晓英

得到他人的关爱是一种幸福，关爱他人更是一种幸福。

这次"走进学生家门"的家访活动让我感慨很多。

弹指一挥间，我任教已快四年了，我认为自己为学生付出了很多心血，也很了解每一个学生，比如学生的长相、个性、爱好，都能清清楚楚地说个八九不离十，可是经过这次家访，给我深深的触动，让我明白了老师关爱每位学生是多么的重要。因为老师关爱每位学生，把欣赏的目光投向每一个学生，能够让更多的孩子感受到老师殷切的期望，获取向上的动力。

在家访之前，我进行了一次调查，询问孩子们愿不愿意老师去他们家做客。我故意强调是做客，而不是家访，希望孩子们不会紧张。话音刚落，很多孩子举起了小手，一张张笑脸洋溢着热情，只有几个孩子没有举手，我很意外。我留意到举手的都是那些平时自信大胆的学生，没有举手的是一些内向，缺乏自信的学生。见此情景，我静静地观察那几个没有举手的学生。他们有的红着脸不敢抬头看老师，有的用眼睛偷偷地瞧着老师，有的还在犹豫，半举着一只没张开的小手。其中有一个女孩文思捷引起了我的注意。我至今仍清晰地记得当时的神态：她红着脸蛋，偷偷地看着我，正好和我的目光相遇，小手举起又放下。

我微笑着感谢了孩子们的热情，并表示老师非常愿意去同学们家做客，因为时间的缘故，这次会有选择地去某些同学的家，请等候老师的电话，我会提前约好时间去做客。望着这些没有邀请我的学生，我忽然感觉我对他们关注较少，只对平时的学习生活过问较多，他们的兴趣爱好我还真不是太了解。这些孩子常常沉浸在自己的世界里，就像那墙角里静静开放的不起眼的小花一样，默默地学习和生活着。就拿文思捷来说，她平时言语不多，上课几乎从不发言，默默上学默默回家，而我平时很少与她交流学习之外的东西。此刻，我意识到：我要多多地了解他们，正好趁这次机会加强了解。

我没有责备他们，而是在下课后，单独和这几个孩子交流想法，其中自然有文思捷同学。我微笑着望着他们，当我说明要去他们家做客时，孩子们开始很诧异，接着目光里充满了兴奋和期待，都抬起头来看着我，问我什么时候去。只见文思捷兴奋地扬起脸蛋，小声问我什么时候去她家。此时，我明白了，孩子多么希望得到老师的关注，哪怕是老师的一个眼神，一句话，一个细小的举动都会在孩子的心中激起涟漪。

　　家访如约进行，我分别来到几个性格较内向的学生家中，均受到热情欢迎。到文思捷同学的那次家访，让我感触最深。那是一个周末的晚上，我按响了她家的门铃，只听见门铃中传来了文思捷同学银铃般的声音："王老师，门开了吗？"这是我在学校从没听到的声音。我进了楼道，乘电梯来到她家的楼道内，只见大门早已打开，迎接我的是他们家一大家人，有文思捷、文思捷的爸爸妈妈、爷爷奶奶，他们笑吟吟地站在门口欢迎我的到来。我被迎进门坐在客厅的沙发上，她的家人围坐在我的身边。我们交谈着孩子的情况，文思捷紧挨我的身边坐了下来，没有丝毫胆怯，笑容一直挂在她的脸上，她还拿来她的成长影集给我看。眼前的文思捷和学校的她判若两人：在学校，她常常不说话，上课发言很少，就连班级活动，也很少见她的人影，我一直认为这个孩子内向，能力不够，并不怎么关注。可是眼前的她，应该说在家里的她，活泼、开朗、口齿伶俐，聪明可爱，我简直不敢相信。许久，文思捷拉起我的手去参观她的房间。来到她的房间里，只见墙壁上贴着好几张她获得的奖状，有的是我班每学期期末颁发的各项评比的奖状，有的是校外培训的获奖。看到这些奖状，我深深地感到这孩子是多么珍视老师的奖励呀！临走之前，我和孩子照相留影，我们一直沉浸在快乐之中。这次愉快且很有收获的家访给我留下了深刻的印象，给我上了深刻的一课，让我明白了：爱是春雨，能滋润干涸的心灵；爱是火炬，能点燃泯灭的希望。

家访活动虽然结束了，然而留给孩子们和我的都是一份美好的回忆。我留意这些默默开放的小花朵的次数增多了，关爱的话语常常淌入他们的心田。渐渐地，这些内向的孩子自信心明显增强。上课时，我常常能看见他们举起的小手，下课后，他们常常围在我的身边，有的孩子还能亲切地和我交谈，诉说自己的苦与乐。我俨然成为他们亲密的"大朋友"了。文思捷也悄悄地改变着，课堂上开始举起了小手，感情朗读课文不再脸红了，班级晨读活动主动担当领读员，自信悄悄回到她的身上，她爱笑了。

正如父母爱自己的孩子一样，老师关爱学生，是一种教育的本能。关爱身边的每一位学生，是我作为教师应尽的义务，一名教师，真心实意地去关心学生，将是我今生最大的快乐和幸福，因为我相信：今日用爱心浇灌的这些含苞欲放的花蕾，明日一定能盛开绚丽的花朵。

赞美的力量

大兴第一实验小学　周晓雯

　　开学之初，我就发现班上有一部分孩子的字写得非常漂亮，如：姚俊逸、段冉悠悠、吴沁怡、张凯铭等，然而也有一部分孩子的字让人非常头疼，如黄文锦、胡浩钦、钱庄、钱成鑫等，为了改变这种两极分化的现状，我决定做点什么。首先我选了一节周二的写字课，上课后，我便对孩子们说，今天这节写字课我们将举行写字比赛，比赛前五名的同学将获得五朵太阳花的奖励，并且将其作品张贴在班级板报上，正当孩子们睁着一双双大眼睛看着我时，我说"开始"，孩子们的头一瞬间都低下去了，教室里慢慢只剩下写字的声音，在教室巡视孩子们时我发现，写得好的同学当然是更加认真了，仿佛一位位雕刻家在精雕细琢他们的作品，平时那些写得不够好的孩子们也变得认真了，神情里多了几分专注，似乎要把自己最棒的一面展现出来，能写多好就写多好。比赛结束后，我认真看了每个孩子的作业纸，平日里写的好便不多说，就连很调皮的几个宝贝的字也有了全然一新的变化，不论是字的间架结构还是每一笔画的力度，都比平时漂亮了些。

举行写字比赛虽然能够"瞬间"提高写字水平，但也仅仅维持几天，有的孩子甚至只有比赛当时能够坚持认真书写，一下课便忘到九霄云外了，而且这种比赛也不能天天举行，否则不就毫无意义了吗，不仅是比赛时比平时写得好，还有的同学在校作业比在家作业字写得好，针对这种现象，我将在校时写得最漂亮的作业拍下来，及时上传至家长班级群，每天批改家庭作业时，也将在家写得漂亮的以及字迹写的有进步的都拍下来上传，并公开提出表扬和赞美，如：格式规范、字迹工整、书写有体等。批改的时候有时还会画上一些小爱心、可爱的小笑脸，有时给他们批上甲加（甲+），甚至甲加加（甲++），他们就会很开心，有的宝贝看到自己得到了甲++，会非常兴奋，孩子们之间还会"攀比"呢！

当然这只是一部分宝贝，可是还有个别孩子既没能得到班级群里的作业秀和公开赞美，也没有得到老师赞赏性的评价语，怎么办呢，而且他们对老师越来越泛滥的激励性、鼓励性评语不以为然也无所谓时，怎么办呢，后来我就求助于教育合力的另一端——家庭，我开始有针对性地找一些家长，让我们双管齐下，并且私下交流，需要鞭策及使劲的时候就单独交流，稍微有一点进步的时候，哪怕是昙花一现、流星闪过一般，也要把它及时捕捉及时反馈，就这样，在我们之间也产生了信任甚至是依赖，有了成功的乐趣和甜头，他也便不再无所谓，而是很在意老师的评价了。

有一天，我将黄文锦宝贝的课堂作业拿出来，从开学初的第一课的课堂作业一直到最后一课，真的是发生了很大的变化，我将第一课和最后一课作业分别拍下来，形成一个鲜明的对比，因为我认为这是一个不错的教育范例，然后发给他的家长，因为我相信这是他们和孩子一起努力的最好印证，在班上，我让孩子们讨论，为什么会有这样的变化，相信聪明的孩子们也能有所启发。

人人都需要被认可、被欣赏，这些赞美的语言是有温度的，它可以让人们热血沸腾，作为老师的我，就用这些"甜言蜜语"来俘获孩子们的心吧！

关爱特殊学生，共商育子方法

单洞新村小学　李敏

吴伦比（化名）是我们班出了名的"雷人"学生。不仅成绩差，而且很不讲卫生，每天都会把纸撕成碎片，撒在教室的地上，不管什么东西都往嘴里塞，他的书本和作业本都被他"折磨"得千疮百孔，文具上常常会沾上他的鼻涕和口水，课间爱在走廊上装疯，同学都对他避之不及。我常被他"雷"得焦头烂额，有点茫然不知所措。

在平时的工作中，我对吴伦比可以说是特别关注的，也经常用各种方式与他的家长进行交流。他的妈妈是个爽快直率的人，对于孩子的缺点从不偏袒，和我交流时也很坦诚，觉得孩子成了现在这个样子真有点恨铁不成钢。她坦然承认跟孩子讲道理时会采取粗暴的行为，用威胁性的语言厉声斥责，甚至动手打。而孩子的爸爸却对孩子无原则地宠爱，甚至到了溺爱的程度，对于孩子的要求他会无条件地满足。所以孩子只会对爸爸提要求而把爸爸的话当耳边风。

从和吴伦比妈妈的交谈中，我了解到他们家常因为孩子的教育问题而发生不愉快。当妈妈批评孩子或者要纠正孩子的某种行为时，爸爸会在旁边责怪妈妈说话没水平，教育方式太严厉太粗暴，最终引发一场家庭纠纷……

于是，当吴伦比的爸爸来接孩子放学时，我抓住机会和他爸爸交流。我告诉爸爸：一个孩子就是一个家庭的幸福。家庭和睦与幸福的指数跟孩子的教育是否成功有很大的关系。良好的家庭教育对孩子的行为习惯养成有着非常重要的作用。孩子长期生活在一个教育理念不一致、关系不和谐的家庭里，身心能健康吗？同样的道理，一个家庭里的孩子身心不健康，那做父母的能不操碎了心吗？这样的家庭是幸福的家庭吗？

经过沟通，吴伦比的父母希望我能帮助他们，与他们一起教育好孩子。我首先安慰他们："孩子的行为习惯确实不是很好，经常惹是生非；但也有一些值得肯定的地方，比如他的情商很高，喜欢和人交流，愿意帮老师做事情，也听老师讲道理，有时能遵守约定啊……孩子现在还小，可塑性还强，你们千万别对他失去信心。"妈妈听了连忙道："是啊，是啊，从现在开始，一点一点的注意还来得及。"

我又接着说："教育孩子确实不容易，为了孩子的成长要付出很多心血和汗水。你们都很重视孩子的教育，都爱孩子。在孩子成长的道路上需要父母智慧的爱、理智的爱相伴。爱不是一种态度，不是给予孩子丰厚的物质，而是要关注孩子的身心健康，否则，父母的爱会成为一种伤害。既然你们都是为了孩子着想的，今后多沟通、多交流。妈妈脾气暴躁，爸爸温和，你们两个性格刚好可以互补，在教育孩子时是很好搭配的一对。爸爸看到妈妈教育孩子的态度粗暴，可以拉拉妈妈的衣角或者给个眼神提醒，两个互相配合就可以避免发生家庭矛盾了。如果当着孩子的面指责的话，会引起孩子跟妈妈的敌对，同时把孩子的错误转移到妈妈身上。爸爸和妈妈双方，不管哪一方不对，都需要冷静，用巧妙的方法化解。孩子行为习惯的问题多引导，以正面教育为主。恨铁不成钢，可钢铁是炼出来的不是恨出来的，对吧？所以孩子出现问题时首先帮助他找出原因，然后对症下药，一种方法不行那就换一种方法，总能找到适合孩子的教育方法。"他们听了连连点头致谢。

最后我给他们提了建议：妈妈平时多引导孩子看课外书，如《感动小学生的 100 个故事》《小故事大道理》《爱的教育》等，在家庭中开展亲子共读一本书的活动，用书中蕴含的道理来启迪孩子心灵，利用课外书籍来陶冶孩子情操。孩子喜欢体育运动，爸爸可以多陪孩子打打篮球、打打乒乓球、下下象棋，交流感情，那亲子关系不是更和谐了吗？

后来家长采纳了我的建议，他们的家庭关系也有所改善，虽然吴伦比的进步和改变还不太明显，但家长对我的工作表示全力支持，在谈话中流露出的信任，也给了我莫大的信心和力量。衷心希望孩子能在老师和家长的共同努力下，成长为一个真正"无与伦比"的优秀学生。

先学做人，再谈学习

长港路小学　张丹

陈泰来（化名）是我带的一个很优秀的孩子，当然这个优秀是就成绩而言的。这孩子除了学习优秀，和同学的感情很一般，而且会不经过同学的同意，随便拿别人的东西。经常有孩子到我面前来告状，说陈泰来偷了他们这个东西或者拿了那个东西。

有一次，学校组织孩子们去欢乐谷玩，孩子们玩得很开心。回校之后，孩子们纷纷和我交流，说他们看了 4D 的电影，很精彩，很有意思。这时候，有一个孩子跑到我面前，跟我说："张老师，陈泰来把欢乐谷的 4D 眼镜偷回家了，我觉得他很不对。"

我把陈泰来找到办公室，细细地询问他，他承认了，说："我想告诉爸爸妈妈，我今天看电影了，这个眼镜是证明，所以我带回来了。"我苦口婆心地给他讲了这种行为将带来严重的后果，他听得很认真，一副认真受教的样子，承认错误非常快。

我不想在全班同学面前讲这个反面典型的例子，担心会给这个孩子的心灵造成伤害，但是又不能不提醒孩子注意这种行为。因此，我在班上给孩子们读了两个故事，委婉提醒孩子们不要随便拿别人的东西，同时提醒同学们不要随便给别人贴标签，学会给人认错改错的机会。但是有没有效果，我心里是很没底的。

事实告诉我确实没起什么作用，几天以后，我在孩子们的日记当中发现，他真的又拿别人的东西了，甚至恶作剧地将一个孩子的书包放到其他地方藏起来。不可否认，我当时心里是非常生气，可生气是解决不了任何问题的。如何让他认识到错误呢？我想了一个方法。

下课后，我把陈泰来叫了出来，在没有任何其他人在场的情况下，我拿出了两篇日记，给他读。他认真地读了这两篇日记，我欣喜地看见，他很不自在，脸一下子变红了。我什么多余的话都没有说，只是告诉孩子："陈泰来，这两篇日记张老师只私下拿出来给你一个人看，老师要说什么，我知道你也懂。老师只想告诉你，老师是因为喜欢你，所以才这样地提醒你，督促你。小毛病改掉了那就是成功，但不改就会演变成犯罪了。先学会做人，这很重要。"

我让孩子回到自己的座位上，没有让他再说什么。之后，我一直认真地观察这个孩子，发现这样的事再也没有发生过。

学期末，我给全体孩子写了一封小书信，将我想对他们说的话总结在内，并请孩子给老师写小书信。

陈泰来是这样写的：老师，我想对您说："我爱您，谢谢您为我做的一切。我经常犯一些低级的小错误，您却经常原谅我。您曾说，是因为喜欢我才教我，我一定把身上的坏毛病改掉。让您看见一个全新的我。我亲爱的张老师。"

我想多说无益，让我们更多地去关爱孩子，观察孩子点点滴滴的成长，用心来做教育！

让笑容像花一样绽放

大兴路小学　张靖

　　轻轻地捧起你的脸，为你把眼泪擦干

　　这颗心永远属于你，告诉我不再孤单

　　深深地凝望你的眼，不需要更多的语言

　　紧紧地握住你的手，这温暖依旧未改变

　　……

　　唱起这首歌，总会感觉有股坚持下去的力量，如同看到一个女孩灿烂的笑脸。下面要讲的故事，就是关于这个女孩、女孩的妈妈和我。

轻轻地捧着你的脸

　　刚刚接手这个班，就有一双神情木然的眼睛引起了我的注意。这双眼睛很特别——透露着一股说不出的孤独与忧伤。难道她就是那个特别的女孩？我喊了一声："王锦萱。"她没有理会，这时旁边的孩子一同朝着她大声喊："王——锦——萱！"她才朝我望过来，张了张嘴，指了指自己，又开始发呆了。

这个班原来的班主任老师曾告诉我，班里有个听力障碍儿童，即使戴着助听器也需要对方大声说才能听得到一些，而她自己的说话声音就更小了，并且含糊不清。

开学第二天，我就与萱萱的妈妈长谈了一次。为免唐突，第一次交流的地点没有设在她们家。她的妈妈很清秀，也善于表达，谈起女儿来，和其他的妈妈一样是津津乐道，还给我看了手机里带女儿旅游的照片——孩子笑得像花儿一样。这跟学校里的她完全不同，我心里微微一动。

接下来，我进一步了解到原来萱萱喜欢画画、运动、旅游。她个性强，受到欺负时，会发出又尖又高的叫声。在学校里说声音很小，话也少，可能有点儿害怕，自卑的缘故。家里主要是爷爷奶奶照顾生活，妈妈管学习，爸爸忙工作上的事。

交谈中，我感受到一个母亲的倔强和无奈，萱萱的妈妈担心的地方很多。看得出，她最担心的是，孩子的听力不好，成绩也不好，老师和同学们会对她"另眼相待"。言谈中虽没有明说，但处处流露着这样的忧虑。的确，刚换了老师，不了解情况，家长的担忧是正常的。

我想，家长的心要"定"，才能更好地和老师全力配合培养孩子。于是，我直接告诉她，这个孩子在正常孩子当中学习、生活，有利有弊。一方面可以在有声世界中习得语言，发展听、说能力；另一方面，作为一个听力障碍儿童，由于天生的差异性，很可能被别的孩子无意识地排斥在群体之外，从而使得心理自卑，性格孤僻。那么，如何能让她在班级生活中身心健康都能得到发展？我打算从这样几方面入手：一是因材施教，为她制定特殊学习方案，以获得听、说、读、写能力的发展；二是培养兴趣，鼓励她参加各种活动，展示自己，增强信心；三是组织班干部关心、帮助她，在学习、生活上指导她。此外，重要的是，家长要全力配合，才能收到效果。

与萱萱妈妈谈话结束后，她的妈妈放心地走了。

深深地凝望你的眼

为了与家长合作，共同培养萱萱，我同副班主任家访数次，给萱萱一家人"布置任务"，既反馈前段时间孩子的情况，也和家长一同研究孩子学习、生活方面的新问题。如：孩子怕累，不愿大声读书，怎么办？我们的策略是：建立奖励制度，一段话大声读三遍积一分，积满十分换一朵花印章，积满两朵就去公园一次（附近有龙王庙公园），积满十朵就旅行一次或买体育用品一种。这样"投其所好",孩子的劲头才大啊!

说实话,对于特殊儿童的教育,我也只能算是个学生,很多问题我当场也答不上来,只能记在本子上,回来查阅资料,上网学习,寻求解决问题的方法。

一次语文测试,萱萱又没及格,家长有些心灰意冷。放学时,爷爷来接她,看到我也不好意思说什么。下班后,我约上副班主任老师一同去了她的家。

谁都明白,萱萱妈妈嘴上说不想管了,可越生气就表示越在乎,越生气也说明先前的付出越多,越生气就表明越需要指导和帮助。我们让萱萱的妈妈先冷静下来,告诉她:"'把握今天,胜过昨天'(此为我校办学理念),孩子们都不同,可是只要每一天都把握住了,与自己相比有进步就是成功的。我们的萱萱现在爱笑了,说话也敢大声了,受欺负了能找老师评理,每天还坚持读、写、说,她真的有进步呀!至于成绩,虽然没有及格,可与上次相比,还是进步了不少啊!"听了这些分析,萱萱妈妈的眉头才渐渐舒展开来。

接下来,我们一同继续努力完成每一天的任务。每天,我在她的作业本上写下特殊的作业——练字帖一面,读一段文字(大声读五遍以上),抄一段文字,说文段大意。回家后,家长再辅导完成,并将家中的表现写在作业后面。第二天早上,由小班干部检查几项作业的完成情况，并向我汇报，我再把反馈的情况写在本子上。如此往复，坚持不懈，相信一天一天的点滴努力，一定会成为萱萱生命中的财富。

记得一次下课时，萱萱轻轻地走到我身边，凑近我的耳边说："你休息一下吧！"我当时呆呆地看着她，她竟拍拍我的胳膊，又说了一遍，我才回过神来。她好像看出来了一样，笑了起来，还一边说着："你在发呆呀！就是那个呆若木鸡哟！""哈哈哈哈……"我望着她的眼睛，那是一扇打开了一点的窗子，窗子里丰富多彩。

紧紧地握住你的手

萱萱爱画画。我见过她画画的样子，那么专注，那么快乐，完全沉浸在自由自在的世界里。恰好区里举办绘画比赛，我帮萱萱报名参赛了，并请美术老师辅导她。她每天都努力地练习，尝试着创作，终于获得了区艺术小人才三等奖！我在班里给她颁奖："王锦萱同学获得区艺术小人才三等奖！祝贺她！"话音刚落，教室里响起热烈的掌声！她看看全班的同学们，看看自己的奖状，笑得像花儿一样灿烂。

运动会上，萱萱参加接力赛跑，她像一匹小马，跑得飞快。课外实践活动中，萱萱小心翼翼地攀过"铁索桥"，然后做出胜利的手势——耶！课堂上，我请萱萱读课文的第一段，萱萱开始读了，教室里显得特别安静，她的声音放大了，读得非常自信，尽管有的字吐词不太清楚。阳光照在她的脸上，也照在其他孩子的脸上，我知道，我笑得像花一样。

多美丽的时刻，生命静静地开着花！
……
我们同欢乐
我们同忍受
我们怀着同样的期待
我们共风雨
我们共追求
我们珍存同一样的爱
……

让孩子们和"阅读"亲密接触

红领巾小学　吴琪

　　上课铃声响，我走进教室，发现教室里鸦雀无声，个个旁若无人地低头看报。原来在课间，报刊管理员将最新一期的《现代少年报》发给大家，大家拿起报纸，就迫不及待地看了起来。有的看上面的优秀作文，有的在看连环画，有的在走迷宫，他们看的内容各不相同，神情却都那样专注。班上同学们读书时的安静，那种不愿被打扰的执着让我大受感动，孩子们是在最放松最自主的状态下享受阅读，积极进行思维活动，在这样一种状态下的学习应该是最有收获的。他们让原本准备上新课的我不忍心打扰，于是我给了他们很长一段时间去读，孩子们仍不尽兴，我索性每周拿出中托时间举办"读书换客会""主题交流会"，给他们平台，让他们自主交流最感兴趣的内容，尽情享受阅读带来的快乐！

以后，班上时时出现这样自主阅读的场景，孩子们从爱上阅读，到读有心得。二年级，每人都以自己的《儿歌创编集》为荣。三年级，《每日一感》集册上写满自己的故事！四年级《四一文萃》月刊和五年级《班级自创哲言录》陆续问世……

孩子们纷纷发表着自己的读书感言：

童培森：在很多人心中，读书不可能与串门画上等号，可我读了杨绛奶奶写的《读书之妙》，发现读书妙就妙在既可以随意闯入书世界的大门，又可以不受约束地想怎么读就怎么读，想怎么思就怎么思！

韩启余：有的文字一读起来就让人浑身充满了力量，比如高尔基的《海燕》："在苍茫的大海上，狂风卷集着乌云。在乌云和大海之间，海燕像黑色的闪电，高傲地飞翔。一会儿翅膀碰着波浪，一会儿箭一般地直冲向乌云，它叫喊着，——就在这鸟儿勇敢的叫喊声里，乌云听出了欢乐。在这叫喊声里——充满着对暴风雨的渴望！在这叫喊声里，乌云听出了愤怒的力量，热情的火焰和胜利的信心！"我们红领巾少年就要像海燕那样不畏困难、不畏艰险，向着自己的理想勇往直前！

张文达：我读历史书，眼前出现一幅幅画面：美髯公千里走单骑，汉寿侯过五关斩六将；七星坛诸葛祭风，三江口周瑜纵火；驱巨兽六破蛮兵，烧藤甲七擒孟获。读着读着，我如同穿越时空，来到那群雄逐鹿、战火纷飞的时代。"宁可三日无肉，不可一日无书！"读书可以使我们知道过去和遇见未来！

邓子禾：我也很爱历史。不过，我从历史文字中，看到的是各个朝代兴衰变化的规律，只有德才兼备，亲民爱众的明君才会让国家兴盛发达！先天下之忧而忧，后天下之乐而乐，这才是王者风范！

曾瑞麟：我读书，就喜欢带着自己的疑问去寻找答案，比如读《童年》，我就会边读边想，为什么主人公阿廖沙那么小就开始在外打工？是什么让他如此清贫却坚持读书？这样一个凄惨的童年又到底会给他的一生带来怎样的影响？带着这些疑问，我在书中寻找答案，直到我明白了梅花香自苦寒来，苦寒才是人成长的宝贵财富。

吴鹏：我喜欢读名人传记，从中我汲取到了生活的动力。爱迪生，一个连小学一年级也没有读完的农民的儿子，他用自己积攒的全部零用钱买来许多书和实验用品，经过刻苦自学，终于成为了一名伟大的发明家。患高位截瘫的张海迪，在书中认识了许多高尚的朋友，找到了生活的方向。当她遇到困难想退缩、想停步的时候，是美国盲聋女作家海伦·凯勒的顽强精神鼓舞着她继续努力、奋斗不息。她说："离开书，我会垮下去。"这句话一直指引我，珍惜今天可以自由读书的时光，不断要求自己进步，活出自己的价值。

读书活动开展以来，孩子们就在这样的阅读氛围中，在经典书香的浸润中，逐渐读出了新奇，读出了生活，读出了自己！我常常这样告诉孩子们：读书多了，才可以在别人的思想之下，建立自己的思想。有思想的人，才能懂得世间的真善美，才能寻找到内心的光明，遇见最好的自己。能和孩子们一起分享这样温馨的读书时光，我觉得很幸福。

孝从顺起，以顺至孝

大兴第一实验小学　杨雪莲

每次谈到"孝道"，我的心总是沉甸甸的，不能释怀。在学校工作，看到太多白发苍苍的老人、身轻力壮的爸妈们为孩子无悔付出，孩子却漠然视之，认为一切"本该如此"。

他们"本该"站在校门口苦苦守候，一等再等，仅仅只是因为，孩子收拾东西很磨蹭或者孩子想在操场上多玩一会儿。

他们"本该"站在校门口迎接"小皇帝""小公主"下学，就像古人迎接上差一样，疾步屈身，接过书包，随手背上自己的肩头，生怕把孩子的肩膀压弯了，更有甚者，担心书包压着，孩子往后不长个子了。

他们"本该"一接到孩子的电话，无论刮风下雨，就尽快把孩子落在家里的东西送到学校去，水杯、书本、作业、铅笔、橡皮、联系单……应有尽有，唯恐孩子为自己的错误"买单"，见到老师还要不遗余力地把所有责任都揽到自己身上，孩子没有一点错，千万别批评，千万别责备。

太多的"本该如此"，铸就了新时代的"二十四孝爸妈"，使孩子们的心变得冷酷，使孩子们的感恩意识弱化，使孩子们的担当能力退化。孩子们不需要任何付出就可收获取之不尽、用之不竭的"关爱""宠爱""溺爱"，老祖宗的教诲"父母呼，应勿缓。父母命，行勿懒。"被各种爱"扫荡""侵略"，然后"变种"为："孩子呼，不能缓。孩子命，行勿懒。"

孝道教育的缺失，赤裸裸地呈现在眼前，令人担忧。这样的孩子长大了，他们是否能安生于纷杂的社会？他们会快乐吗？他们怎样立命于天地之间？他们有竞争力吗？太多的忧思常常困扰着我……面对如此现状，微不足道的我能做些什么？

我想到继续推进"日行一孝"特色作业——孝从顺起，以顺至孝，敬亲色柔。顺指的是顺从父母合理意愿，说白了就是要听话，不顶嘴！色柔指的是遇到与父母意见不一时，或者父母要求和建议不合理时，可以及时有效沟通，面色温柔，不发脾气。

做到这两点不容易。需要孩子们克己复礼，从内心去改变自己的言行。很多成年人也不见得能做到，所以，我们的目的是希望尽可能多的孩子做到这两点，尽可能多的家长感受到来自孩子的孝，弘扬孝道，任重道远，我们行走在道上。

在日常教学中，在学习课文《父爱深深》后，我们很自然地跟孩子们谈到父母爱子女，子女也要孝父母的话题。很自然地"孝从顺起，以顺至孝"的特殊家庭作业就诞生了。

很快第一天有三个家长朋友在群里反馈孩子在家的"顺行"。第二天批阅家庭作业时，我看到更多家长朋友在签字中告知孩子在家中的听话、乖巧、克制……

于是，在课堂上我大声朗读家长朋友的签字内容，并告知孩子们，回去告诉你们的爸爸妈妈——要大声地赞美孩子们的孝心，顺行！把孩子们的"顺行"都写出来，传到网上，让大家都知道，都来赞美、都来学习。传递正能量，人人有责！

课后，我又把许多朋友的签字拍成照片发到网上，让家长朋友间相互学习、借鉴、以智启智，呼吁家长朋友给孩子们加油！不遗余力地夸赞孩子的"顺行"！携手将"顺行"进行到底。

家长对孩子的种种毛病，让我感受到孩子们克己至顺的努力。当我对孩子们说，希望能把"顺"的作业常态化，每天都坚持做到时，教室里一片哗然。孩子们的惊愕我能理解。一天、两天克制自己的脾气顺应父母的意愿，不顶嘴，不红脸还能忍住，这天长日久的，那可"够呛"！这帮"小太爷""小公主"被宠坏了，脾气大着咧！时时、事事、处处都为父母着想，都听他们的吩咐，按要求做到好难呀！学生有为难情绪，很正常！

孩子们畏难，在众多家长的回复中，我也读到了微弱的"不和谐"的声音。有的家长朋友把别人家的信息复制粘贴，只是修改了孩子的名字就又发到群里面了；有的家长回复孩子很顺很乖，可是，私下一了解，我们发现昨天妈妈还在家里暴跳如雷。

究其原因，不能完全怪家长朋友，或许是我们在推行的过程中"度"没有掌握好，平衡点没有找准。于是，我们不断调整，在家长群里发布消息：

当然，任何事情都有双面性，有积极的一面，必然也会有消极的一面。我们在推行"顺"的过程中应该努力找准平衡点，把握一个度，慢慢前行。"顺"也要有个度！当我们发现长辈的言行或者要求不合理，甚至是不正确时，还是要坚持自我，不能盲从。弟子规也教导我们："亲有过，谏使更。怡吾色，柔吾声。"我们要及时与长辈沟通，沟通过程中，要控制语音、语调，避免激动的情绪，尽量做到"怡吾色，柔吾声"。那时的不顺，本身就是一种更高层次的"顺"。

"真为心善是真孝，万善都在孝里边。"孩子的德行培育在我们的一念之间！尽管"日行一孝"的推进有一些困难、有一些阻碍，但我们相信只要家长和学校积极配合，坚持下去不放弃，一定能培育新时代的"二十四智孝"。

"绿色教育"让每个孩子的生命绽放光彩

大兴路小学　常元梅

我心中的绿色教育

"绿色教育是关爱生命、顺应天性、舒展个性的教育，我希望在大兴这片践行绿色教育的天地中，在育人工作的这个人生舞台上，以孩子的发展为出发点，在一种自然的育人环境下，顺应孩子发展的需要，以关爱、呵护生命为根本，尊重儿童身心健康发展特点，呵护他们特有的灵性，使孩子个性得以尽情释放。"

我践行的绿色教育

光阴似箭，回首和孩子们一起共度的美好时光，在学校"守淳精湛"文化的引领下，在自主管理，教书育人的平台上，在这个师生生命质量共同提升的绿色沃土中，孩子们已经快乐成长，健康而充满着活力。我一如既往地带领着孩子们在"励志手语操""日有所诵""共享书香"等绿色特色课程中朝着"和悦个性"的培养目标前行。如今，孩子们纯洁天真的笑容，嘘寒问暖的话语，课堂上静心倾听、用心思考的学习习惯，自信大方的言谈举止，丰富的文化知识逐渐在感动着身边的每一个人，孩子们快乐、幸福地成长。

一、亲近自然，怡情养性

作为享有"全球 500 佳"荣誉的环保学校的教师，如何真正践行环境教育，提升孩子们的环保意识与素养？如何真正让孩子们亲近自然，怡情养性？我借 3 月 12 日植树节的契机，请孩子们从家里带来或买来绿色小盆栽、漂亮的盆花，充实班级植物角。为了更好地养护这些小花小草，我让孩子们在买的时候向买主询问花草的生活习性，注意事项；让孩子们自由选择组成 4 至 5 人的小组，合理安排每天浇水、养绿、护绿的工作，定期开展饲养小盆栽效果的评选；小组代表在全班对孩子们进行盆栽介绍，互动交流，最后评选优胜小组。午休时间，户外阳光明媚，值日生们赶快行动起来，手捧着小盆栽，给它们晒晒太阳，希望它们能更茁壮地成长。让小花常开，让小盆栽常绿，让教室充满生机，成了每个孩子共同的心愿。在这项活动中，孩子们的栽培知识、交流能力、合作能力等方面都得到了提升，还亲近了自然，怡情养性！

二、励志手语操，放飞梦想

在育人工作中，我总是尝试推行励志歌曲《放飞梦想》《最好的未来》等手语操。"用坚强做双翅膀，勇敢就是种锋芒，逆风也要飞翔，梦想是最好的信仰。把希望化成力量，让奇迹从天而降，快乐才能分享，梦想就开始发亮。"每周一的清晨时分，当第一缕阳光照进校园时，教室里就响起了嘹亮的歌曲声，全班学生在小值日生的带领下跟随着相关视频学习手语操。有时天气寒冷，可是这并不能阻挡学生积极学习和锻炼的热情。这些歌曲节奏轻快，歌词内容催人向上，是学校开展励志教育的好素材。我经过考虑与衡量，觉得此歌曲可以作为开展修身活动的一个载体，故此在班级全面推广。学生在手语操的学习中体会到修身的重要性，用自己的行动立志做修身励志好少年。同时也增强了学生的协调能力、思维能力以及观察能力等。

三、日有所诵，润泽心灵

"日有所诵"的课程，是根据学校特色，晨间诵读节日诗词、古今贤文、唐诗宋词、毛泽东诗词等中华经典。目的是让孩子与中华经典建立起关系，浸润学生的心灵，在晨诵过程中孩子与经典交融相汇，沉浸其中，玩味其间，充分体验中国文化的博大精深。晨诵时，我与学生一起朗诵，一起感受，一起陶醉，一起激励。孩子们的每个清晨就在这样欢快温馨的时光中开始了。通过晨诵，孩子们养成了早起读书的生活方式，习诵母语，领略母语之美，感受经典所传达的优美音乐感及感恩之思。这种方式带给每一个孩子精神上的愉悦。于是，清晨短短的十几分钟，成为师生共同期待的精神盛典。沐浴着晨光走进教室，听到孩子们的朗朗书声，看到孩子们深情地投入其中，真是一种幸福。经典静心，养心，日不间断的记诵也炼心。书声朗朗，积累的是语言，培养的是诗性，净化的是心灵……晨诵课程，让学生有一个博爱而敏感的心灵。

四、畅游书海，沐浴书香

高尔基曾经热情洋溢地说过："热爱书籍吧，书籍能帮助你们生活，能像朋友一样帮助你们在那使人眼花缭乱的思想感情中，理出一个头绪来，它能教会你们去尊重别人也尊重自己，它将以热爱世界，热爱人的感情，来鼓舞你们的智慧和心灵。"在育人工作中，我开设"共享书香"的课程，带孩子们在学校阅览室挑选各种书籍，放到班级的图书角，由班长统一管理；固定读书时间，安排学生每周五在优雅的乐曲中用半小时时间来读书，做读书笔记；每天晚上在家里安排 20 分钟的阅读时间，使读书成为一种习惯，一种乐趣。利用专教课、语文阅读课交流读书心得，激发他们进一步阅读的热情。现在，班里乐意读书、乐于表现自己的同学与日俱增。读书，使孩子们成了主动学习的人，他们会自主探究学习过程中出现的各种问题，通过各种信息渠道来解决问题；读书，使孩子们成了生活的主人，他们的独立精神、自我意识在多样的读书活动中日益彰显；读书，使孩子们成了善交流、会合作的人，他们的团队精神、责任意识在逐步形成；读书，使孩子们成了有思想、有个性的人；读书，使孩子们懂得了许多做人的道理，明白了人生的价值、生命的意义。读书活动正在逐渐改变孩子的气质，读书的静谧慢慢赶走了打闹的喧嚣。

五、创作小报，飞扬个性

结合节日和课本上的知识，开展小报创作活动，更加激发了学生课外阅读的兴趣，培养了学生想象、设计、绘画、思维等多方面的能力。如端午节组织学生以小报的形式收集和端午有关的诗句、故事、风俗，并选取优秀者在年级文化墙上展示。孩子们积极踊跃地参加、兴趣盎然地展示着自己，他们在活动中拓宽了视野、知识面，学会了搜集资料和如何与他人友好合作，也提高了美术设计能力与鉴赏能力，可谓一举多得。

在这个充分自主的绿色平台上，孩子们张扬着个性，展示着自信。静心倾听、思考、交流的习惯得到培养，能力也在逐步提升，儒雅的气质风貌和内涵在凸显。

我的绿色教育憧憬

"以关爱呵护生命为根本；让学生的天性得以充分展现；让学生的个性尽情释放。"这就是大兴的绿色教育。在学校"绿色教育"理念的感召下，在这个展示学生个性的绿色平台上，学生的个性更鲜明，自身更富有鲜活的生命感。让我们每个老师都着眼于孩子的发展，为孩子的健康成长、幸福明天用心践行"绿色教育"，创造无限可能！让每个孩子的生命焕发出更加耀眼夺目的光彩！

让班级管理"动"起来

滑坡路小学　吴雯

制定班规规范班级管理

俗话说："国有国法，家有家规"，班规对一个优秀的班集体来说自然是必不可少的。每接手一个班级，我都要根据学生的年龄特点与学生一起编写班级规章。这不"我的班规，我做主"的主题班会就正在进行中。首先由每一个同学上台展示自己为新班级精心设计的班规，然后大家通过举手投票的方式选出了"学会感恩""学会为他人考虑、学会为别人喝彩""记住父母的生日""每天自觉地读半小时的课外书""每周帮父母干一小时的家务活""营造干净、安静、竞争的学习环境""做一个讲诚信的人"等十条大家认为最适合我们班的个性化班规。最后在班长的提议下，大家还一本正经地进行了严守新班规的宣誓。

可能大家都知道新班规是全班同学表决通过的，遵守新班规也成为每位同学的自觉行动，全班面貌一新。

这件事情让我明白了让学生自己去设计和管理自己会起到意想不到的效果。现在静下心来想一想，教育有的时候就像是开锁。虽然一把钥匙开一把锁。只要我们留心、用心，就一定能找到一把把合适的钥匙，来打开教育教学中我们遇到的每一把"锁"。

小组竞赛促和谐

为了增加学生的新鲜感和增强孩子们的合作意识，我尝试推行了"小组竞赛捆绑式管理"。首先根据学生的学习水平进行分组，投票选择组长，重新编排座位，全班 8 个组在组长的带领下展开了激烈的竞争，每个组都确定了重点帮助对象，这种管理方式在期末复习时会显示出极大的优势。因为"大家好才是真的好"，每个小组都想方设法帮助学习困难的组员，而且有什么问题大家会一起商量。由于大家的互相提醒和相互帮助，孩子们在复习阶段也保持着高涨的热情，在课堂上大部分时间都是孩子们在讲解，既提高了效率又锻炼了能力，还吸引了孩子们的注意力，感觉真是好。

教育需要精神的灌溉。我努力让教育触及每个学生的精神世界，用智慧耕耘，在学生的心灵深处种上幸福自信的"庄稼"，拔掉自卑、粗俗、自私的杂草。

我班有这样一名学生——张家俊，把自己座位的边界线视为不可侵犯的"疆域"，当同桌的胳膊不小心越过"边境线"，或者后排同学的脚碰到他的椅子时，他就会"大打出手"。他就是这样敏感、多疑、易怒、难以沟通，经常打骂同学。所以同学们都不愿和他交往，老师们谈到他就摇头，家长们更是提议让他换环境……然后多年的经验告诉我，该同学的问题和环境没有关系，他无论在哪，如果教育不得法，随时都会出现问题。通过多次家访，我得知孩子父母离异，父亲教育手段非常粗暴。他由于在家中缺乏关爱，不能得到很好的保护，所以产生了参与班级群体并得到补偿的意向和愿望。但是，由于他不善表达，缺乏自信，就使得这一愿望不能实现，从而导致他情绪的波动和行为的过激。

于是，我为他拟定目标、制定计划，使他学会自觉控制并合理宣泄自己的过激情绪；鼓励他积极融入集体中，并和周围的人群形成较好交往。

于是，我首先郑重其事地向全班宣布——愿意和张家俊交朋友，班上大队长也主动请缨——愿意跟张家俊做同桌。全班同学在我们的影响下也愿意和他交谈、做游戏。课堂上，每每张家俊有精彩的发言时，教室里都会掌声雷动；下课了，大家会拉他打篮球、下象棋。自信渐渐爬上了他的笑脸。

文化展板溢书香

"营造书香班级"系列活动在班级中开展得如火如荼，他们在设计班级文化时突出了读书内容。孩子们制作的读书展牌各具特色，得到了所有任课老师的称赞。后面的黑板报是孩子们自己设计的，"读书感言"这一栏，话语虽短，却道出了他们对读书的热爱。别出心裁的班级文化营造出浓浓的书香氛围。

为了丰富学生的生活，我还经常在班级开展有教育意义的活动，让孩子们在活动中成长。"我想对你说……"，让学生向爸爸、妈妈、老师、同学说一句心里话，学会感恩，学会关爱；"我当妈妈的小助手"让学生学做家庭主人；"小绅士、小淑女"让学生学会文明做人、做事；"访名人"让学生树立远大的理想；"成长日记""心灵加油站""生日送祝福""交个书朋友"见证孩子成长的足迹。形式多样，寓活动于教育之中，寓德育于竞赛之中。同学们兴致盎然，积极向上，呈现出一派蓬勃生机的热闹场景。

让孩子自治管理

华苑小学　蒋韬

英国著名教育家斯宾塞曾说过这样一句话:"记住你的管教目的应该是养成一个能够自治的人,而不是一个要让人来管理的人。"我觉得这句话非常好,教育的最终目的是什么? 就是让学生成为一个独立自主的人。作为一个班主任,始终要记住,管理是为了不用管理。因此,"学生自治"的管理方法,就成了我长期以来的带班法宝,不过那都是在高年级。如今,这种管理方法在一年级能不能实现呢? 我也想试一试。

一年级学生年龄小,组织管理能力、自制力、应变能力还很弱,如果实行自治,应该有一个比较稳定的班委会。因为孩子小,彼此又不熟悉,这个班委会注定无法像中高年级那样民主选举产生,唯一可行的办法只有一个:我来任命。任命谁呢? 我首先想到了蔡宇恒同学。蔡宇恒是在我面试的孩子中表现特别突出的一个孩子,他性情随和、能说会道、腿儿又勤快,而且多才多艺，是个好榜样。跟他个人一谈，他也很乐意。可是，一个星期有五天，也不能总让他一个人值日啊，一来因为这样会很累，二来怕孩子产生骄傲的思想，不利于他的成长。正在我不知怎么办才好时，开完家长会的当天晚上，吴思睿妈妈的一个短信让我眼前一亮，有了主意。"敬爱的蒋老师您好！我家吴思睿生性活波，好说好动，在幼儿园一直做老师的小助手。现在上小学了，您看能不能让孩子再锻炼锻炼？谢谢了！"读完短信，吴思睿的形象立刻映入脑海，就是那个长着一双大眼睛，掉了两颗大门牙，一下课就跟着我滔滔不绝的小咋呼妞？还行，胆大、不怯生。就她了！两个了，再找三个，能一天一个人值日最好。怎么找，我心里已经有数了。

大课间的时间到了，我们一年级的孩子小，暂不出来。我就在教室里开始让他们毛遂自荐。"孩子们，有谁在幼儿园时天天给老师当小班长的请举手。"为了怕为小朋友发过一次加餐的也举手，我特别强调了"天天"。"我、我……"我的话刚出口，一二十人都举起了小手。这么多人，我得筛选一下："谁能像老师一样，为同学们喊一喊'起立'？"于是，这一二十个人轮流喊了一遍之后，我心中就有了眉目。我让声音小、不能字正腔圆的、个子矮一点儿的先站在一边。就剩下七八个人了，我接着问："谁在幼儿园做过小主持人，请举手！"一只小手高高举起，一看是张芷欣，再仔细瞧，人虽然瘦弱，可是眉目间还真有一股子灵气。好，就是她。后来证明我当时的判断非常英明，张芷欣还真成了学校的一个小明星、小主持、我们班人人爱戴的大班长。三个人了，再选两个。"现在老师再问一问你们，谁在家里天天读书、或者和妈妈一起读书？"七个人，四个举了手，刚好。我先让另外三个和刚才那十来个同学站一起，然后又从这四个里面选出了稍稍健壮一点的严谨如和陈依灿，让高晟和雷可两个孩子暂作语文课代表。剩下的同学都分到各小组做组长。

大课间快要结束了，我的五个小班长也选出来了。接下来，就该为他们做岗前培训了。"孩子们，从今天起，你们就是咱班的五个大班长了，高兴吗？"我拉着他们的小手说。"高兴！"五个孩子兴高采烈。"不过，我刚才也跟同学们说了，咱们只是暂时的，能不能做到正式的班长还得自己努力，同学们喜欢你们才行。你们说说，当班长都做什么啊？"我接着问。张芷欣先举了手，并说："给老师当小助手。"不愧当过小主持人，我连连称赞。"同学们打架了要告诉老师。"蔡宇恒紧接着说。"先得把他们拉开了再告诉老师。"我补充道。蔡宇恒连连点头。"还要帮助同学们。"吴思睿说。呵，我还真不能小看这几个"小人儿"。

我本想再告诉他们当班长还要做大家的榜样之类的话，可惜第三节课快要开始了。我灵机一动，把这件事交给家长也许会更好。"看起来大家都知道怎么当班长。今天晚上回家给家长说一说，让他们帮忙出出主意，看看怎样就能把这个班长当得更好。明天班会课上，你们每个人都给同学们表一表决心。好不好？"

第二天下午的班会课，孩子们虽然说得磕磕巴巴，但头头是道。我的五个班长就这样产生了。班会结束后，我又让他们根据自己的情况选择了值日的日子。给他们明确了任务，指明了方法：值日当天，都要比同学们早5分钟到校，然后拿起书站在讲台上读书，但不要领读，为同学们做榜样，提醒当天值日的同学到校后马上值日。如果那个同学没有读书，要提醒、但不准大声吆喝，更不准打人。午餐后，看着同学们阅读课外书或绘本，提醒同学不出声地看。

后来，我这五个小班长真的就把班级"自治"起来了，当然前提我来得比他们早得多，常常他们在讲台上站着，我总是静静地在后门坐着看书，偶尔离开几分钟让他们习惯习惯。一年级第一学期的中午，我天天为他们读书，"安安静静进教室，进教室就安安静静"的好习惯，经过两个学期的强化，居然就渐渐养成了习惯。

点点滴滴 "共" 成长

大兴路小学　魏萍

教师工作是平凡的，但也是有滋有味的，在每天与学生亲昵地朝夕相处中，我总能感受不一样的喜悦，收获不一样的满足。

一、有话你别对我说

下课了，一群学生就围到了我的身边，这个一言："罗××他上课不听小班长的劝告，专门嘻皮笑脸违反纪律。"那个一语："汤××他上课时和××讲话，还对我们做怪相。"

……

我说："今天不是有班会课吗？专门让你们来说。"

班会课到了，终于可以"控诉"了，第一位刚刚开口，其他人立即群情激愤，迫不急待地要来指控。

"魏老师，罗××他上课讲话，……"

"呃，别慌、别慌，"我微笑着打断了第一个对着我皱起眉头、怒气满怀的发言者，"你的称呼好像错了，有话你别对我说，请你对罗××说。"

告状者一时愣住了，过了一会儿，回过神来，声音变小也变轻柔了许多，"罗××，你上课时总是回头讲话，你知不知道这样做不仅自己没听讲，还影响了周围的同学。小班长提醒你，你还把嘴巴翘得老高，像受了很大的委屈一样，其实小班长点你的名字，也是为了你好，希望你能改正缺点呀，我们相信只要你能接受意见，一定能改掉你的坏毛病的，对吗？"

第二位（已经把拔出来的"匕首"收起来了）站起来接着说道："其实你也有很多优点，比方说班上的窗帘钩掉下来，每次都是你主动把它挂上去，但是你上课时一讲话就忘了形，就管不住自己了，希望下次别人再提醒你时，你赶紧改一改，好吗？"

......

嘿！你看那些本来昂首挺胸、毫不畏惧的"被告者"，这时低下了头，还滴下了两行热泪，懂事的同学赶紧递上一张餐巾纸——好嘛，这才是皆大欢喜的喜剧结尾。

柔剑无刃，胜似有锋，让孩子与孩子面对面地对话，我不再当传话筒了，他们说出来的话比我更能走进对方的心，最后效果也不错。

又下课了，终于能得些许"无告状之乱耳，无办案之劳形"的清闲时光。

二、小小故事会

每周一次的小小故事会刚开锣，就有学生主动请缨担任主持。不错呀！这个想法很好，可以让更多的人得到锻炼。你看，小主持人登场了，还挺像那回事——"大家好！我是你们的好朋友××，现在到了故事会的时间，下面我们有请 01 号选手××上场，大家掌声欢迎！"故事会在一片热烈、祥和的气氛中拉开了帷幕。

可好景不长，这不，选手忘台词了，站在上面抓耳挠腮；再瞧那一位，声如蚊蝇、几不可闻……唉！这故事没法听下去了！主持人倒是能灵机应变："××同学的故事其实挺有趣，如果能讲得流利些，声音再大一点就好了。下面有请评委评分。"嗯，点评得有模有样，颇有名主持之风，孺子可教也嘛！

几场下来，针对故事会的现状，我开始提出进一步的要求：

1. 选材健康有意义。2. 篇幅不长不短，时间 5—8 分钟左右。3. 注意吐字发音准确、台风得体。

因为有了明确的要求，再加上有前面选手的成功或失败经验可供借鉴，选手们不再像前几场那样忸忸怩怩，台上变得谈吐大方，故事也讲得流畅了许多，故事会居然出现了选手抢着上台一展风采、几位同学同时报名争当主持的局面，于是我们决定：优先考虑不是本场、学号靠后的选手参赛；并且一场换一个主持人，让大家伙都能过把当主持人的瘾。

这样一来，晨会的十分钟简直是还没听出味来呢，就下课了。于是故事会的触角被这群活力四射的孩子们延伸到了班会、午休、秋游、品社课上……这不，还真上了瘾呢！

有一次，一名学生讲了《朝三暮四》这个故事，讲到老人对猴子们说："以后早上吃三颗橡子，晚上吃四颗"，猴子们不答应，于是老人对猴子们说："好好好，那么以后早上吃四颗，晚上吃三颗，这回总行了吧！"猴子们一听，都高兴得活蹦乱跳起来时，这位同学接着说道："我的故事讲完了，谢谢大家！"

这时，我打断了正在进行的故事会，请学生们来评价这位同学讲得如何。通过交流，大家明白了讲故事一定要讲清寓意、故事里面所包含的教育意义，这可以使故事增色不少。

过了不久，杨娅雯同学给大家讲了一个《吉恩的明天》的故事后，颇有感触地说道："同学们，明日复明日，明日何其多，时光一去不回头，抓住每天的学习，紧跟时间的步伐，千万不要犯和吉恩同样的错误哟！"讲到这里，全班同学报以热烈的掌声。

"桃李不言，下自成蹊"，小小故事会呈现给孩子们的不仅是精神和智慧的大餐，更在不知不觉中实现着对人的引领、感召，愿小小故事会越办越好，茁壮成长。

三、道德储蓄，人生增值

凡是教过我们班的老师都有一种感受：这个班的学生质朴、

纯真、正义感强，他们身上体现着大兴人"守淳精湛"的特质。原来，孩子通过践行一件件小事，真正诠释了"守淳精湛"的内涵！

"同桌的东西掉了，我帮他捡起来，放在他位子上。"

"妈妈洗衣服时，我主动递给她一个小板凳。"

"今天突然下雨了，我给买菜的妈妈送伞。"

"看到教室走廊上有一张纸，把它捡起来丢进了垃圾桶。"

"下课了，我将拖把摆放整齐！"

"吃过晚饭后我给爸爸削了一个苹果，帮妈妈捶背、按摩。"

"运动会上，我提着垃圾袋前后走动，让同学们放垃圾。"

"下课了，我提醒组内同学准备好下节课的书。"

"扫墓时，看见奶奶、妈妈在哭，就递给她们纸巾。"

开始，孩子们关注的是帮助他人做力所能及的事。渐渐地，体力上的付出带来了精神上的升华。他们开始思考如何给他人带来全方位的快乐，如何给我们这个社会带来"财富"，如何储蓄良好的品质，为自己的未来增值。

"晚上，我给全家人讲了一个笑话，全家人都很开心。"

"妈妈要去买铅笔，我要妈妈买环保铅笔。"

"在学校里，我向单元考试取得好成绩的同学表示祝贺！"

"家里有很多地方开着灯，我主动关掉几盏，并提醒大家节约用电。"

"去科技馆参观活动，很多项目我都只玩一下，让没玩的同学能尽快地玩上！"

"早上我自己轻轻地起床，小声读书不吵醒爸爸妈妈，好让他们多睡一会。"

"今天我收集了一句名言'赠人玫瑰，手留余香'。"

"今天我在家看了一小时名著。"

"今天是母亲节，我对妈妈说'节日快乐'！"

"放学后我和大家合理安排做清洁，只用了十五分钟就把教室内外打扫得干干净净！"

"过马路时，我提醒一位叔叔不要翻栏杆，要走斑马线。"

"听说住在老家的奶奶生病了，我赶紧打电话给她，让她注意休息保重身体！"

孩子们每天都在为自己储蓄真、善、美，让点点滴滴的爱汇聚成爱的海洋，让良好的品质在每个人身上植根、发芽、茁壮。

点点滴滴记载着我平凡而真实、幸福而充实的生活，每天就是在这样一个个不经意的小精彩中，实现着作为一个教师的价值、一个社会人的价值！

用智慧推动班级管理

大兴第一实验小学　敖迎春

"老师，我……我能不能今年不当清洁委员……"这学期开学头一天，夏祥威吞吞吐吐地对我说。

其实，一进入六年级，我就感觉班干部的状态发生不少变化，他们现在对班级工作热情不高，对班级事务视而不见，十分木然。是什么原因呢？是学业负担重，他们想集中精力考名校？我看不是。是老师对这帮学生重视管理不够？似乎也不是。去年一年，管理服务工作是放在与学习同等位置来进行奖励评价。那到底是为什么学生对班级是这样的态度呢？

前思后想，终于想出点道道来，有部分老师将批改作业、核定等级、奖励积分的重要工作信任地交给了学生，但有一些精灵古怪、心眼多的孩子，凭着老师的信任要手段，导致了其他同学的不满。还有班级管理工作长期集中在某些人身上，管理分工不够细化，班级出现问题，老师总向管理者问责。孩子毕竟是孩子，不能像大人一样主动寻找原因，改善管理办法的水平，只是直观地感觉自己倒霉，做事不讨好，出了问题自己就成了老师批评的对象，工作没有成就感，消极、排斥也就很自然了。怎样改变这样的现状，让孩子们爱上班级、爱上管理呢？我想，还是得从自己的改变做起。

全员参与班级管理，分担与竞争并存

"同学们，过去 5 年半，我们每年都竞选了新班长，有 12 位同学尝试了班长岗位上工作的酸甜苦辣，锻炼自己的组织能力。老师觉得，班级是我们每个人的班级，每个孩子都有造福班级的责任和义务，每个孩子也应该有公平锻炼自己才干的机会，所以，我们决定，除了我们上学期推选出来的年度班长，我们这学期还要请同学们担任值周班长，共同服务我们的班级，造福我们的班级，你们愿意吗？"

"愿意！"同学们回答响亮。

值周班长就是我想到的新办法。在过去的日子里，大家总感觉班干部是班级中佼佼者才能当的，所以当上就会觉得很光荣。这无形间就拉开了班干部与其他学生的距离，甚至造成了班干部与普通学生的对立。我认为，班干部不应该成为特权阶级，每个孩子都应得到公平锻炼的机会，我们的孩子，不就是因为不完善才更需要教育的力量吗？每个孩子都成为管理者，每个孩子也是被管理者，两种角色的体验，更能体会班干部的不易，更能思考怎样才能当个受欢迎的管理者。值周班长就可给其他孩子提供机会。

另外，值周班长任职周期短，工作积极性高，不足是经验欠缺；年度班长经验丰富，管理周期长，不足是容易疲查。年度班长与值周班长，相同的权力与责任，既可互补，又可竞争——谁工作主动到位，谁工作被动疏漏，谁管理得当，谁管理欠妥，工作态度与能力一目了然。值周班长与年度班长相互配合，可共同将班级工作做好。

全程指导班级管理，放手和监督并行

一时间，班级多了那么多跃跃欲试的值周班长，可班长这个岗位也不是光靠热情就能做好的，还要靠本领。对我而言，每周都有新班长上任，培训是件辛苦的事；对这些孩子而言，六年中只有这么一回体验，机会多么难得。我想，即使辛苦，我也应该为他们做好这项服务。培训主要通过三种形式：（1）全员培训：开学第一周的班会课，我们就进行了一次全员培训，以"假如我是班长"为题，从学习管理、一日常规管理等方面由老班长介绍经验，新成员提供思路等问题召开讨论。（2）个别指导：前 5 个星期，每个周五下午，我们都会将年度班长和下周值周班长留下来，对两位新值周班长进行分工、培训——听一听他们的工作想法，了解他们工作的难度，针对他们的个性，制定一些切合实际的应对策略。在周一到周五的值周期间，密切关注他们的工作状态，课间及时提示他们做得不够的地方，增强他们的责任意识。（3）评价指导：每周结束，学生都会对年度班长和值周班长进行评价，亮点也好，不足也罢，同学的关注不仅是对当事人的培训指导，对全班而言，也是一种工作的提示。

在值周过程中，老师全程指导，让孩子有底气，有能力，被呵护，被帮助。同时，我也注意给孩子以信任——大胆放权，尊重他们的个性与处理问题的方式，不求全责备，维护班长的尊严。只要能够维护班级正常的秩序与积极向上的氛围，老师就自得其乐，快乐享受少干预。

引导评价，责任与成就并行

"下面请值周班长周敏杰同学小结本周自己工作得失和班级情况。"

"这一周，我觉得自己表现得不够好。在众所周知的那个黑色的中午，因为我的放任，对不良班级现象没有及时地制止，导致秩序混乱，所以感到对不起大家。"周敏杰说的时候十分沮丧，垂着头。

"周敏杰自己提出了值周中存在的不足，那他的工作有没有亮点呢？"我问。

"周敏杰每天来得很早，提醒大家有序读书。"

"周敏杰在课间的时候提示班上值日同学擦黑板，为大家摆放好桌椅，还是蛮认真的。"

"其实除了那个黑暗的中午以外，周敏杰还是比较称职的，对同学非常友善，对工作比较尽心。只是那天中午疏忽了个别同学，我当时也搞了点小破坏，我觉得有点对不起班长，让他为我们挨批评了……"周子欣歉意地说。

两天后，周敏杰在他的作业本上，赫然写下这样的文字：

我本以为这次班长的尝试是我一次错误的决定，同学们会因为我的管理不尽职而声讨我。但我真的没有想到，老师会提及我工作的亮点，同学也不吝赞美之词。他们并没有因为我的失误而全盘否定我的付出，这让我觉得我这一周的工作依然很有价值。看来犯错也让我成长，让我知道当班长需要的能力与担当，如果下一次还有这样的机会，我一定会对自己说："周敏杰，你会做得更好！

值周班长的设立推动了班级的有序管理，如今孩子们热情地打理着班级的一切，他们的班主任也怡然自得地享受着孩子自主管理带来的福利。他们的班级，学习活动组织有序，班级卫生一天比一天有进步，更关键的是，班干部再也不愁眉苦脸，大家在造福班级的管理过程中获得了尊严与成长……

小农场大天地

大兴第一实验小学　付才彪

生活即教育，生活即课程。本学年是我校的课程年，如何挖掘课程，开发课程呢？紧扣年级组的培养目标，我们年级组这学期以"开心农场"为平台，把它作为一个大课程，一个系统工程进行开掘，将它与科学、语文、信息技术、学生习惯的培养相结合，培养学生团结、合作、负责的意识。通过信息技术课，让学生查找信息，了解植物生长特点、规律及如何种植，并小组合作办小报；语文教师引导学生观察农场蔬菜生长情况，并结合自己的真情实感写出开心农场日志；通过分组，安排学生浇水、维护管理，培养学生的责任意识，总之让我们那一片小小的农场，真正成为学生学习、实践的园地，让它成为一个鲜活的课程，为我们的培养目标服务。

一、培养学生分工协作的精神

原来一块荒芜的土地，一块无法种植的土地，如今变成美丽的菜园、花园，与老师和学生的合作分不开，也与学生与学生的合作分不开。在我们确定办开心农场之初，大家第一反应是激动、开心，可走到实地一看，从哪里下手，大家都一头雾水。我启发学生思考：无论是种菜还是种花，需要什么？学生七嘴八舌地说开了，有的说要有土，有的说需要水，还有的说需要肥料。我继续启发学生：那现在急需什么？有学生说需要土壤。我说现在农场没有土，而且地面非常硬，怎么办？同学议论开了。最后决定大家每人捐 10 斤土。任务确定后，大家分头去找土。有同学从家里附近工地上挖来土，有的同学把家里花盆里的土运来了……一两天的时间，就运来了好几十袋土。我看了看学生捐来的土，有的是黑色，有的是黄色的，还有的土里混合着石块。我就启发学生：同学捐来的这些土，哪些适合种植？有同学说：黑色的土壤适合种植，因为很肥。我说是的，不光是植物要找到适合的土壤，我们学生也要找到适合自己成长的土壤。我还告诉学生，种植前先要给地翻土，由于地太硬，我只好自己开垦。我找来洋镐，并请来魏菲菲老师和我一起开垦。开垦完后，学生们再把自己捐来的土运到地里，大家齐心协力，把土都运到地里，并把土铺平。学生在日记里写到：搬搬土都这么累，那我们的老师翻土一定更累。

当第一块地的菜种下去后，学校领导看到有模有样，决定把第二块地也给我们年级组。这块地比较松，我决定让学生来翻土。我把学生分成 3 个小组，每组 16 人，一人发一把小铲子，让学生全员参与翻土，学生一波一波上场劳动，场面热烈，真正成了开心的农场。看着自己开垦的土地种上了美丽的花朵，学生别提有多开心了。地翻好了，也整平了，有的学生拿来菜种，有的学生拿来了菜秧……没多久，菜种上了，花种上了，开心农场初具规模，引来了学校上上下下的高度关注。我们把学生分成不同的小组，并做了精美的认养卡，有的负责浇水，有的负责看护，有的负责擦栏杆，有的负责挂牌……学生干得不亦乐乎。开心农场成了开心的海洋。学生在分工协作中体验了快乐，在分工协作中体验了责任，在分工协作中体验了劳动的辛劳。

二、培养学生认真观察的习惯，提高了观察力

有了农场，也让我有了培养学生观察力的基地。在观察前，我教会了学生观察方法。第一，要选定观察对象，这是教会学

生定点观察；第二，教会学生从菜的色泽、大小、高度等去观察，这是教会学生从不同方面、不同角度观察；第三，让学生每天坚持观察，直到菜长好为止，这是教会学生长期观察的方法。有了课堂方法的指导，学生每天课间时、中餐后、放学后都要到农场去看看，他们时刻关注着农场里作物的变化，也记下了一篇篇生动活泼的日记。下面是部分学生日记摘录：

11月1日　晴

　　放学时，我发现开心农场又有了新的变化。红菜薹又长高了许多，一株红菜薹直挺挺地立在肥沃的土地中，仿佛在对大家说："别担心，我会保护你们的！"看，它多负责呀。前面的大蒜也长高了许多，以前矮矮的小苗似乎一下子长高了好几厘米，翠绿的叶子和白色的茎配在一起格外好看。洋葱也长得很快，真是功夫不负有心人，它一直都很努力地生长！我相信，在我们的精心呵护下，它们会长得更好的！

11月7日　晴

　　今天早上，我去观察了开心农场的那些"小生命"。白菜长得虽还不错，但好像缺少一些水分。一旁的红菜薹仍保持着挺胸抬头的姿势，担负起"保护农场"的责任，叶子变得更加翠绿了。大蒜苗也长高了差不多1厘米，生长速度还是比较快的。别看洋葱较小，它还是非常努力的！放学时，我又来到了开心农场，早晨耷拉着脑袋的白菜变得更有精神一些了，好似一个意气风发的少年，真令我高兴啊！红菜薹这会儿化身为一个美丽的少女，在白色的栏杆里翩翩起舞，蝴蝶为她伴舞，风哥哥为她伴奏，这场面，可真让人陶醉！大蒜也没有令我失望，又长高了一点点。这些"小生命"们不正像我们吗，继续加油吧，让我看到你们更好的一面！

11月12日　晴

这几天都是阴雨天，对白菜的生长非常有帮助。你看，那些白菜一个个挺直了腰，还长出了新的叶子，颜色翠绿翠绿的，真好看！再看我们的农场守护者——菜薹，几天不见，它长高了不少，有30多厘米了，两片翠绿的叶子搭在紫红紫红的"肩膀"上，活似一位扎着马尾辫的活泼小女孩。再一瞧，还长出了新的叶子呢！大蒜更是"突飞猛进"，过了这么多天，大蒜都快长得和菜薹差不多高了，有的像精神抖擞的少年，有的像害羞的小姑娘，还有的像英勇的将军……个个形态都不同。加油生长吧！

11月12日　雨

今天，我再去开心农场观察时，发现所有的菜薹都已经长得很高了，叶子变得很大很大，而且很多。经过开心农场时，同学们都发出了"哇""呀"的惊叹声。这几天的阴雨天气让小白菜立稳了脚、长粗了腰，以后的风吹日晒都不怕了！"葱宝宝"现在也长得很大，个个都跟菜薹一样高了。每一株上原来只有两片叶子的，现在已经有四五片了。真希望它们早日长大，看它们长大真是件幸福的事，这可是我们合作的成果——每天都会有同学浇水、巡逻、擦栏杆。看它们都茁壮成长，我无比开心。

11月14日　晴

菜薹一个个都长大了，原来巴掌大的叶子都已经长到二、三个巴掌那么大了。大葱、大蒜都是碧绿碧绿的，而且都"枝繁叶茂"了。只是小白菜会不会叶子变黄、枯萎呢？今天又是大太阳天，小白菜该怎么办呢？我看见有好几株白菜的叶子都有些泛黄了，但愿我喜欢的那株白菜能顽强地活下来。虽然白菜有点蔫，但菜薹未受到丝毫影响，叶片都很有光泽。

我们要负责地看护它们，让小白菜度过这段危险期，叶子快快变绿；让菜薹长得更好。

11月19日　晴

　　菜薹的叶子好大！那些大的叶子都和家里养的滴水观音的叶子差不多大了！真不知道"偷菜"的人怎样吃掉它，呵呵。只不过有的菜薹有好多虫眼，叶片上的虫眼都组成了"北斗七星"了呢！还有的菜薹的叶片上都是油光，在阳光下闪闪发光，跟抹了油似的。大白菜和葱也长得不错，都绿油油的，而且又肥又高。我们这个菜园还有自己的标牌呢！字体活泼有趣，别人一进学校就可以看见我们的开心农场。这些植物的成长是我们团结、合作、负责的成果。

三、通过农场，增长了学生的见识

　　农场的花园种上花后，学生都睁大了眼睛，发出感叹：种了好多的"花菜"。虽然那些摆了造型的红花、紫花，学生叫不上名，但通过询问园林师傅，学生们知道了它们的名字。只是这些花名怎么写，这些花都有些什么特点孩子们一概不知。于是当天我布置学生回家上网查找这些植物的资料，明天上学后给付老师介绍介绍。学生个个兴趣盎然。第二天，学生们都激动地告诉我，那个"花菜"真名叫羽衣甘蓝，红花和紫花叫三色堇。学生七嘴八舌地介绍起它们的特点，我睁大了眼睛，发出"哦、哦、哦"的惊叹。通过查找资料，学生还知道了它们的种植方法，也知道了它们不能多浇水，因此，孩子们每天给菜浇水，隔好几天才给花浇水。

通过一学期的实践，学生的能力得到了提升，学生的知识得以丰富。小农场发挥了大作用。学生在农场中学会了关心，找到了开心，我们也将继续把开心农场作为一个课程基地，发挥它更大的作用。

图书在版编目（ＣＩＰ）数据

流淌在笔尖下的思索 / 江汉魅力教师书系编委会编
. -- 武汉：长江文艺出版社，2019.12
　　（回归教育本真：江汉魅力教师书系）
　　ISBN 978-7-5702-1325-2

　Ⅰ. ①流… Ⅱ. ①江… Ⅲ. ①小学－班主任工作－文
集　Ⅳ. ①G625.1-53

中国版本图书馆 CIP 数据核字(2019)第 253026 号

责任编辑：叶　露　　　　　　　　责任校对：毛　娟
封面设计：笑笑生设计　　　　　　责任印制：邱　莉　　胡丽平

出版：长江出版传媒　　长江文艺出版社
地址：武汉市雄楚大街 268 号　　　邮编：430070
发行：长江文艺出版社
http://www.cjlap.com
印刷：湖北新华印务有限公司

开本：880 毫米×1240 毫米　　　1/32　　印张：3.375　　插页：4 页
版次：2019 年 12 月第 1 版　　　2019 年 12 月第 1 次印刷

定价：38.00 元

版权所有，盗版必究（举报电话：027—87679308　　87679310）
（图书出现印装问题，本社负责调换）